낭만 시절

낭만시절

최대봉 감성 에세이

작가

_ 서문

그리운 것들은 가버렸다.

지나온 날들에서 잃어버린 게 없다고 믿거나
잃어버려도 상관없다고 여기는 이들의 삶은,
단언하건데, 불행하리라.
끊임없이 스스로를 다그치며 욕망하고 쟁취하는 것만이
의미 있는 유일한 삶이라고 확신하는 이들의 삶 또한,
단언하건데, 외로우리라.

값싼 센티멘털리즘쯤으로 치부하지 말라.
아롱대던 봄날의 강가나 푸르게 일렁이던 여름 저녁,
떠나는 자의 노래 같은 바람이 불어가던 가을 언덕,
겨울밤의 차가운 가로등 불빛 아래 멈춰 섰던 시간들을
낭만의 이름으로 불러낸다는 것은,

이 변화와 속도와 거대담론의 시대에 대한 반동에서
좀 더 나아가는 것이리라 믿는다.

그리운 것들은 그리워하자.

영화 〈포레스트 검프〉의 라스트 신에서
하늘로 날아오르던 깃털을 기억하는가?
그렇게 우리도 깃털처럼 가벼워져서 두둥실 떠올라
낭만 세상을 향해 날아보자.
우리 인생의 화면에서 앤딩 크레딧이 올라가기 전에.

2014년 봄날에

최대봉

차례

서문 4

1부 푸르던 날의 소풍

대춘부待春賦 _ 13
봄비 변주 _ 18
치마의 사회학 _ 22
훈련소 가던 날 _ 27
수선화에게 _ 32
숫자의 저 편 _ 37
봄밤 _ 42
푸르던 날의 소풍 _ 47
선거의 추억 _ 52
미스 김 _ 57
칼레의 기적 _ 62
립스틱, 립스틱 _ 66
두 여자 _ 70
그대, 봄에 온 가인佳人 _ 75
꽃잎 _ 79

2부 손톱 끝에 봉숭아 지기 전에

장마 _ 85
섬 _ 91
초록에 관한 질문들 _ 96
다시 열일곱 살이 된다면 _ 100
그대 안의 블루 _ 105
미인도 _ 110
나는 네가 지난여름에 한 일을 알고 있다 _ 115
달밭골 가는 길 _ 120
모기 이야기 _ 125
손톱 끝에 봉숭아 지기 전에 _ 129
옷 벗는 사람들 _ 134
빨강의 기억 _ 139
무섬, 물과 모래의 시간 _ 144
늦여름 산사山寺 _ 149
섬으로부터의 편지 _ 154

3부 바람이 분다, 살아야겠다

첫사랑 _ 161
가을, 쓸쓸함 _ 166
해바라기 _ 170
머나먼 다리 _ 174
구름에 달 가듯이 _ 178
치명적 여인들 _ 182
붉은 노을 _ 186
키스 _ 191
야성의 시대는 갔는가? _ 195
낙엽 _ 200
감자를 먹으며 _ 205
시詩 _ 209
고향 _ 214
가을의 유혹 _ 219
바람이 분다, 살아야겠다 _ 224

4부 추운 날

눈, 눈 _ 231
별이 빛나던 밤 _ 236
창窓 _ 240
그리운 우리 님의 맑은 노래는 _ 244
저녁의 인사 _ 248
해야, 솟아라 _ 253
추운 날 _ 258
다섯 번째 죄 _ 263
그리운 명태 _ 268
쏘울 푸드 _ 273
굿바이, 페티 페이지 _ 278
복수는 나의 것 _ 283
새들도 둥지를 떠난다 _ 287
불한당들의 세계사 _ 292
달이 차오른다, 가자 _ 297

1부 푸르던 날의 소풍

대춘부待春賦
봄비 변주
치마의 사회학
훈련소 가던 날
수선화에게
숫자의 저 편
봄밤
푸르던 날의 소풍
선거의 추억
미스 김
칼레의 기적
립스틱, 립스틱
두 여자
그대, 봄에 온 가인佳人
꽃잎

대춘부待春賦

'우수도/ 경칩도/ 머언 날씨에/ 그렇게 차가운 계절인데도/ 봄은 우리 고은 핏줄을 타고 오기에/ 호흡은 가빠도 이토록 뜨거운가// 손에 손을 쥐고/ 볼에 볼을 문지르고/ 의지한 채 체온을 길이 간직하고픈 것은/ 꽃피는 봄을 기다리는 탓이리라// 산은/ 산대로 첩첩 쌓이고/ 물은/ 물대로 모여 가듯이// 나무는 나무끼리/ 짐승은 짐승끼리/ 우리도 우리끼리/ 봄을 기다리며 살아가는 것이다' (신석정, 「대춘부待春賦」)

대춘부待春賦. '봄을 기다리는 노래' 라는 말이다. 우리네 삶은 기다림이 아니던가? 아침을 기다리고 희망을 기다리고 밥때를 기다리고 버스를 기다리고 오지 않는 사랑을 기다리고,

그리고 봄을 기다린다. 설렘으로 시작되어 안타까움으로 끝날 뿐이건만 봄이 영원히 아름다운 것은 기다림이 있기 때문이다.

C. D. 루이스는 「당신을 위한 시Poetry For You」에서 추위와 단절과 외로움 속에서 긴 겨울을 나본 사람만이 봄이 올 때 그것이 얼마나 기막힌 위안인가를 알 수 있다You know what a marvellous relief it is when spring comes고 말하고 있다. 까마득한 옛날의 원시인들의 겨울은 극심한 추위와 굶주림, 그리고 무엇보다 공포의 계절이었을 것이다. 봄이 오리라는 자연과학적 확신이 없었기 때문이다. (19세기 영국의 낭만주의 시인 P. B. 셸리는 그의 「서풍부西風賦, Ode to The West Wind」에서 '겨울이 오면 봄이 멀지 않으리If winter comes, can spring be far behind?' 라고 노래하지 않던가? 봄에 대한 희망으로 겨울을 견딘다는 말일 것이다.) 봄에 대한 희망도 없이 춥고 캄캄한 절망 속에서 겨울을 보내야 했던 원시인들의 절절한 기다림이 오랜 세월 우리 핏속에 남아 봄에 대한 수많은 노래와 시들을 통해 메아리쳐 전해지고 있다는 것이 그 아일랜드 시인의 생각이다.

중세 말의 유럽에서 주문呪文으로 겨울을 길게 했다는 자백을 받아내어 118명의 여인들을 불 속에 던져 넣음으로 시작된 마녀사냥의 발단도 6월까지 계속된 혹독한 추위 때문이었다고 한다. 당시의 지배 계층들과 지식인들까지 비이성적인 광기로 몰아간 것은 바로 '오지 않는 봄' 이었던 것이다.

봄이라는 말의 어원은 '볻+옴' 이라고 한다. 볻은 볕[陽]을 말하는 것이어서 '따뜻한 기운이 온다' 는 의미일 것이다. '봄기운(다른 계절에는 기운이라는 말이 쓰이지 않는다)' 이라는 말은 희망을 이르는 다른 이름이다.

월탄月灘 박종화(『금삼의 피』, 『자고 가는 저 구름아』 등의 역사 소설들로 일가를 이루었던 그의 이름을 우리 문학은 얼마나 오랫동안 잊고 잊는지!)의 소설 『대춘부待春賦』는 병자호란의 엄혹한 겨울 속에서의 희망을 노래하고 있고, 밀란 쿤데라의 소설 『참을 수 없는 존재의 가벼움The Unbearable Lightness of Being』이 영화로 만들어졌을 때 〈프라하의 봄〉이라는 제목이 붙여진 것도 공산 치하의 암울한 체코의 현실 속에서의 희망을 이야기하고자 한 것일 것이다. 이 영화의 주인공이었던 다니엘 데이 루이스가 앞에서 얘기한 C. D 루이스의 아들이라는 것도 재미있는 우연이다.

오래 전 첫 딸이 세상에 태어났을 때 사람들에게 봄처럼 따뜻한 희망을 주는 사람이 되었으면 하고 '봄' 이라고 이름을 지어줬었는데 딸아이가 어느새 너무 흔한 이름이 되었다고 불평을 하던 차에 이름의 음성 파동이 운명에 영향을 미친다고 굳게 믿는 이모의 지원을 얻어 두어해 전쯤 '하루' 라고 개명을 해 버렸다. 그네들이 전혀 염두에 둔 건 아니었지만 묘하게도 '하루[春]' 도 일본어의 봄이 아닌가! 소리만 바뀌었을 뿐 내 봄에 대한 소망은 그네들의 의도와는 상관도 없이 딸의 이름 속에 사라지지 않고 고스란히 남아 버린 것이다.

겨울 끝자락의 어느 날이었다. 뉴욕의 어떤 공원에서 한 남자가 앞을 보지 못하는 떠돌이 거지를 보았다. 입성도 허술한 그 맹인 거지는 'I am blind(나는 장님입니다)' 라고 쓴 팻말을 목에 걸고 추위에 몸을 떨며 구걸을 하고 있었다. 오가는 사람들은 무심히 그를 지나쳐 갔고 그의 앞에 놓인 그릇에는 몇 잎의 동전만이 스산하게 뒹굴고 있을 뿐이었다. 한참 그 모습을 지켜보던 남자가 거지에게 다가가 그가 걸고 있던 팻말을 벗겨 다른 글로 고쳐 걸어 주고는 그 자리를 떠났다. 거지는 곧 뭔가 달라진 분위기를 느끼기 시작했다. 통에 떨어지는 동전 소리가 그치지 않았고 지나가는 사람들마다 한 마디씩 따뜻한 위로의 말을 던지는 게 아닌가? 금세 그의 앞에 놓인 그릇에는 동전이 수북이 쌓였고 거지는 팻말을 바꿔 걸어 주고 간 그 남자가 자신에게 행운을 주고 간 마법사임에 틀림없다고 생각했다. 거지에게 행운을 준 그 남자는 바로 '초현실주의 선언' 으로 유명한 프랑스의 철학자이자 시인이었던 앙드레 브르통이었고 그 바뀐 팻말에는 이렇게 쓰여 있었다.

'Spring' s coming soon. But I can' t see it[곧 봄이 오겠지요. 하지만 나는 그 봄을 볼 수 없답니다]'

젊은 시절에는 봄이 싫었다. 미열微熱처럼 밀려들던 봄날의 혼란과 어지럼증, T. S. 엘리엇의 시 「황무지The Waste Land」에서처럼 '죽은 땅에서 라일락을 키워내고 추억과 욕망을 뒤섞고 봄비로 잠든 뿌리를 깨우는' 스멀거림 같은 봄날의 그 간지러운 기운이 싫었었다. 언제부턴가 봄을 기다리기 시작하게 되면서 생각한다. 그 시절은 청춘이었었나 보다. 자신이 꽃일 때는 꽃이 쉬 눈에 들어오지 않듯이 봄이 싫었던 그 시절이 내 인생의 봄날이었었나 보다.

입춘과 우수가 지났건만 아직은 차가운 바람이 매화나무 가지들을 에멜무지로 흔들어 놓고 있는 오늘도 나는 대책 없이 봄을 기다린다.

봄비 변주變奏

얼굴 좀 펴게나
올빼미여
이건 봄비가 아닌가

에도江戶 시대의 시인 고바야시 잇사의 하이쿠(3行, 열일곱字로 이루어지는 일본 시의 한 형태이다), 「봄비」이다. 봄비는 겨우내 얼어붙었던 대지의 숨결을 틔우고 말라 있던 대지의 가슴을 적시며 보슬보슬 내리고 소곤소곤 내린다. 올 들어 벌써 두 번째 내리는 경칩 날의 봄비가 아직은 다정하지도 화사하지도 않은 세상의 겉옷을 홍건히 적시고 있다. 어디선가 고개를 내밀고 있을 개구리의 머리도 은근히 젖고 있을 것이다. 눈 녹은 산비탈의 진달래 자리도, 숨죽이고 있던 매화나무 꽃눈들도, 냇가의 버들개지 보송보송한 털들도, 뜰 한켠의 백목련 몽우리의 잠에 취한 눈시울도, 골목 안 나지막한 순이네 슬레이트 지붕도 흐뭇하게 젖고 있을 것이다.

이 비 그치면
내 마음 강나루 긴 언덕에
서러운 풀빛이 짙어오것다

이수복(1924~1986)의 시, 「봄비」이다. 푸르죽죽 추레한 가시엉겅퀴 로제트들만 듬성듬성하던 강둑에 이제 곧 생생한 풀빛이 돋아날 것이다. 그래서 봄비를 초우草雨라고도 하지 않던가? 산비탈이든, 길섶이든, 냇둑이든, 우리 발길 닿고 우리 눈길 가는 어디에든 푸른 풀잎들은 돋아나 그 품으로 작은 꽃들과 벌레들을 키울 것이다. 그리고는 연록軟綠에서 짙푸름으로, 또 짙푸름에서 조락凋落으로 그 색을 바꾸어 입음으로 우리 삶의 운명적 순환을 넌지시 일러주게 될 것이다. 그래서 풀빛은 서러울 수도 있는 것이겠다.

지난해 이맘때쯤 배점 호숫가에서 봄비를 맞았다. 수면 위에 그려지는 작은 동그라미들과 피어오르는 물안개를 보면서 호숫가의 나무들과 함께 서서 비를 맞았다. 안개는 내 몸 속으로도 스멀스멀 피어올랐다. 겨우내 서사적敍事的이고 광물적鑛物的이었던 내 입 밖으로도 시가 새어나왔다.

산에서 내려오는 차운 안개와
물에서 피어나는 더운 안개가
어떻게 달뜬 숨결로
몸을 섞어가는지
봄비는 또
어떻게
호숫물의 달뜬 살결로
스미어드는지

살아 있음은, 어느 날 문득 봄비 내리는 호숫가에 살아 있음은 설렘이고 에로티시즘이다.

'이슬비 내리는 길을 걸으면 봄비에 젖어서 길을 걸으면' 으로 시작해 '언제까지 내리려나 마음마저 울려주네' 로 끝나는 신중현이 쓰고 박인수, 김추자 등이 부른 〈봄비〉나, 봄비 따라 왔던 사랑이 봄비 따라 떠나갔다는 이은하의 〈봄비〉나, 사랑이 봄비처럼 마음을 적시고 지울 수 없는 추억을 남겼다는 임현정의 〈사랑은 봄비처럼〉 등의 노래들에서 봄비는 사랑과 이별의 변주變奏이다. 고려조의 문인 정지상은 아득한 이별의 변주 하나를 더하고 있다.

비 그친 긴 강둑에 풀빛 물들면[雨歇長堤草色多]
남포로 임 보내는 서글픈 노래[送君南浦動悲歌]
대동강 물이야 언제 마를까[大同江水何時盡]
해마다 이별 눈물 보태는 것을[別淚年年添綠波]

사랑이 그렇고 열정이 그렇듯 봄비는 꽃을 피게도 하고 꽃을 지게도 한다. 난설헌蘭雪軒 허초희許楚姬! 여기 여인의 몸으로 조선에서 태어났다는 이유만으로 적막한 한 생애를 살아야 했던 여인이 봄비에 지는 꽃을 시름겹게 바라보고 있다.

부슬부슬 봄비는 못에 내리고[春雨暗西池]
차가운 기운 비단 장막에 스미네[輕寒襲絲幕]
시름 못 이겨 병풍에 기대니[愁依小屛風]
송이송이 살구꽃 담 위에 지네[墻頭杏花落]

'추억과 욕망을 뒤섞으며', 희망과 절망을 뒤섞고 사랑과 이별을 뒤섞으며 부슬부슬 봄비가 내린다.

치마의 사회학社會學

‘봄은 여인의 옷에서부터 찾아온다’ 는 말이 있다. 겨우내 두꺼운 바지를 입거나 두텁고 어두운 질감의 긴 치마를 입던 여자들이 가볍고 밝으면서 하늘하늘한 옷감으로 만든 짧은 치마를 입고 거리로 나설 때 그걸 바라보는 남자들의 가슴에도 봄바람이 인다는 쯤의 뜻일 것이다.

로마 제국의 병사들이 편리한 활동성 때문에 치마를 입었고 지금도 백파이프를 연주하는 스코틀랜드 남자들이 킬트kilt라고 부르는 치마를 입기는 하지만 치마는 언제나 여성들의 전유물이어서 남자들의 환상 속에 자리 잡고 있다.

옛날 학교 선생이었을 때, 어느 이른 봄날 켜놓은 라디오에서 ‘연분홍 치마가 봄바람에 휘날리더라’ 로 시작되는 김연자의 〈봄날은 간다〉가 흘러나오고 있었는데, 그때 때마침 신학기에 갓 부임해온 새내기 여선생님이 출석부를 살포시 옆구리에 낀 채로 분홍색 원피스를 입고 교무실로 들어오는 게 아닌가! 신혼의 단꿈에 젖어 있던 무렵이었지만 열어 놓은 창문으로 불어오는 봄바람에 하늘거리는 그녀의 치맛자락을 보고는 한동안 염치없이 설렌 적이 있었다.

불경기일수록 여성들의 치마 길이가 짧아진다는 설에는 옷감을 줄이기 위해서라든가 불안 심리가 노출로 표현된다는 등의 근거가 제시되고 있지만 그 반대의 주장(불경기에 치마가 길어진다)도 있는 터여서 그다지 믿을 바는 못 되는 것 같다.

19세기까지만 하더라도 유럽의 여성들은 겹겹이 껴입은 빅토리아풍의 의상에서 자유롭지 못했다. 바닥에 쓸리던 우리나라 여인들의 스란치마보다 오히려 더 거추장스러운 옷으로 하반신을 꽁꽁 싸매고 다녀야만 했다. 정숙함이 가장 우선되는 아름다움의 가치였던 것이다.

1901년 《라이프》' 지誌의 표지를 장식한 화가 찰스 깁슨의 그림은 새로운 여성상을 제시했다. 흐트러진 머리카락과 꼿꼿이 쳐든 고개, 노출된 긴 목, 활 모양의 도발적인 입술, 그리고 꿈꾸는 듯 초점을 잃은 눈빛의 이른바 '깁슨 걸'이 등장해 '요염한 여인의 시대'가 시작된 것이다. 여성들의 치마가 복숭아뼈를 드러내게 된 것이 바로 이 시기였다. 복숭아뼈를 겨우 드러내었던 여성들의 치마가 무릎을 드러내기까지는 50년의 시간이 흘러야했다. 그 투박한 뼈의 형태와 주름들로 인해 여성의 몸에서 가장 볼품없는 부위로 치부되던 무릎을 드러내는 데는 최초로 지동설地動說을 주장한 코페르니쿠스적 전환에 버금가는 용기가 필요했을 것이다.

1940년대 후반에 등장한 섹시 미美의 아이콘 마릴린 몬로는 타이트한 스커트에 굽이 높은 구두를 신고 엉덩이를 좌우로 요란하게 흔들며 오리처럼 걸었다. 이 현란한 '몬로 워크Monro walk' 에 열광한 여성들이 너도 나도 흉내를 내며 뒤뚱거리며 거리를 걸었고 그걸 본 남성들은 더욱 더 열광했다.

다리의 각선미와 엉덩이의 곡선을 여성의 아름다움의 최첨단으로 부각시킨 것은 1960년, 영국의 디자이너 메리 퀀트가 제작한 미니스커트였다. 여성의 노출을 금기에 대한 도전으로 풀이하기도 하지만 속옷이 드러날 것 같은 아슬아슬한 미니스커트는 여성에게든 그것에 열광하는 남성에게든 감추어지고 억눌려져 있던 성적 욕망의 한 표현이 아닐까?

유럽 여성들이 최초로 치마가 아닌 바지를 입고 거리로 나오기 시작한 것은 2차 세계대전 중 자발적으로 군수품 공장에 출근하던 애국 여성들에 의해서였다고 하지만 우리나라 여성들의 바지의 역사는 여성들까지 침략 전쟁의 하수인으로 동원하고자 했던 일제의 강요에 의해 몸빼(일본말 '몬베' 에서 왔다)

바지를 입기 시작한 데서 시작되었다. 지금도 허드렛일을 하거나 논두렁으로 참을 나를 때는 물론이고 평상복으로 입기도 하는 우리나라 여성들의 몸빼 바지는 이렇게 슬픈 역사의 산물이다. 임진왜란 때 권율 장군과 조선 백성들이 분투하던 행주산성에서 여성들이 석전石戰을 위한 돌을 옮겨 나르며 시작된 행주치마의 역사는 그에 비하면 얼마나 아름다운가?

우리나라에서의 서양식 스커트는 1920년대 '모던 걸' 이라고 불리던 신여성들에 의해 입혀지기 시작했다. 발목이 드러나는 플레어스커트 같은 것으로 시작된 우리나라 여성들의 스커트는 한국전쟁이 끝나고 산업화의 분위기와 때를 같이해 서서히 짧아지기 시작했는데 급기야는 무릎까지 드러난 스커트가 전국의 유림들의 분노와 거센 항의를 불러오기도 했다.

부산항에서 출발하는 파월 장병들의 환송식이 라디오로 중계되고 극장에서 영화가 시작되기 전에 나오던 '대한 늬우스' 에서 월남에 파병된 우리 국군의 활약상이 스크린을 가득 채우던 시절에 우리나라 여성들 사이에는 '월남치마' 라는 것이 유행했다. 검정 고무줄이나 노란색의 원통형 고무줄을 허리에 넣고 세로 단을 대지 않은 그 통치마는 지금도 우리나라 여성들의 평상복으로 널리 애용되고 있다.

1967년 가수 윤복희가 최초로 입은 것으로 알려져 있는 우리나라 미니스커트는 1973년부터 10여 년 동안 30cm 자를 든 경찰들에 의해 '경범죄'라는 죄목으로 단속되는 수난의 역사를 가지고 있다. 치마를 짧게 입고 상의를 조금 길게 해 아예 치마를 입지 않은 것처럼 보이게 하는 '하의실종'이라는 발칙한 패션이 유행하고 있는 오늘의 세태를 보면 격세지감을 느끼게 한다.

옷이라는 것이 자기 표현의 한 수단일 뿐이고, 치마를 짧게 입든 아예 벗어서 머리에 이고 다니든 상관할 바야 아니겠지만 여성의 어딘가에 감추어져 있어야 하는 신비한 환상 같은 걸 잃어버렸다는 것, 어쩌면 남성들의 슬픔이 아닐까?

훈련소 가던 날

4월 19일은 잊을 수 없는 내 청춘의 기념일이다. 이승만 독재 정권에 항거해 분연히 일어난 학생의거에 연루되기에는 나는 너무 어렸었음으로 그 4·19와는 상관없이 내 개인사個人史의 한 기념일일 뿐이지만 이 땅의 대부분의 남자들은 그 날짜만 다를 뿐 인생, 그것도 청춘의 기념비적인 그날을 해마다 떠올릴 것이다. 때로는 치기어리고 유쾌하기도 했지만 절망적이고 야만적이기도 했던 그 푸른 제복의 날들을 떠올리며 혼지 씁쓸히 미소 짓기도 할 것이다. 여성 독자들은 부디 양해하시라. 지금부터 그렇게 지겹다는 남자들의 군대 얘기가 시작될 참이니까.

정처 없이 떠돌던 4월 어느 날, 북쪽 항구의 작은 우체국 전화통으로 그 소식을 들었나. 4월 19일에 입대하라는 영장令狀이

나왔다는 거였다. 요즘에는 입영통지서라고 부르는 모양이지만 영장令狀이라는 말은 그에 비해 얼마나 위압적인가? 이제 내 청춘이 끝나는 것인가, 하는 좌절감과 함께 영장이라는 말은 막연한 공포와 불안으로 다가왔었다.

허겁지겁 집에 돌아와 보낸 며칠은 입영 전야前夜의 이별 의식들로 채워졌다. '아쉬운 밤 흐뭇한 밤 뽀얀 담배 연기/ 둥근 너의 얼굴 보이고 넘치는 술잔엔 너의 웃음이/ 내 나라 위해 떠나는 몸 뜨거운 피는 가슴에/ 자, 우리의 젊음을 위하여 잔을 들어라'

엄숙함과 비장함으로 가득한 최백호의 〈입영 전야〉는 훨씬 나중에 나온 노래이고 우리는 어니언스의 〈편지〉와 〈화〉를 부르며 이별을 기념했다. 말없이 건네주고 달아난 눈물 젖은 편지는 입영 전야의 주제가로 손색이 없었고 32개월, 1,000일에 가까운 병영의 날들이 지겹고 힘들 때마다 '오늘도 젖은 짚단 태우듯 또 하루를 보냈다' 라는 〈화〉의 한 대목은 바깥세상으로부터 격리된 병영의 날들과 먼 연인에게 보내는 병사의 넋두리로는 그만이었다.

'집 떠나와 열차 타고 훈련소로 가는 날/ 부모님께 큰 절하고 대문 밖을 나설 때/ 가슴 속엔 무엇인가 아쉬움이 남지만/ 이제 다시 시작이다 젊은 날의 생이여(김광석의 〈이등병의 편지〉)'

눈물바람으로 대문 밖까지 따라 나오시는 어머니를 억지로 만류하고 비장한 결의로 머리를 깎고 길가에 늘어서서 종이 태극기를 흔들어 주는 초등학생들 사이로 열을 지어 기차역으로 향했다. 차창 밖으로 보이는 풍경들은 손 흔드는 사람들, 플랫폼의 전신주마다 머리를 박고 흐느끼는 여인들로 또 한 차례 애틋한 이별의 장면들을 연출한다.

'어색해진 짧은 머리를 보여주긴 싫었어/ 손 흔드는 사람들 속에 그댈 남겨두긴 싫어/ 삼년이란 시간 동안 그대 나를 잊을까/ 기다리지 말라고 한 건 미안했기 때문이야(김민우의 〈입영열차 안에서〉)'

빡빡머리 청춘들을 실은 열차는 천천히 플랫폼을 떠나고 배웅하는 사람들의 모습이 아른아른 멀어질 때, 동네 형처럼 사근사근하던 인솔 교관이 한 순간에 악마로 돌변하는 것은 바로 그때였다.

"이 X새끼들, 군기가 빠졌어. 대가리 박아!'

제대할 때까지 수천 번은 듣게 될 '군기軍紀' 라는 위압적인 말로 그렇게 우울한 청춘의 시절이 시작되는 것이다.

자식을 군대에 보내 놓은 부모라면(나도 부모가 되어 겪은 일이지만) 누구나 억장이 무너지는 경험을 하게 된다. 훈련소에서 군복으로 갈아입게 된 아들이 집으로 보내오는 사제私製 옷 꾸러미이다. 논산 훈련소의 수용연대에서 대기하며 며칠을 보낸 뒤 처음 군복을 지급받아 입은 친구의 모습이 소방수처럼 어색해보이고 슬펐다. 아마 그 친구의 눈에 비친 내 모습도 그랬으리라. 집으로 보내지게 될 바지에 볼펜으로 큼지막하게 T. S. 엘리엇의 시 한 토막을 썼다. 'April is cruel(사월은 잔인해).' 영문을 해독하지 못하셨던 어머니는 그 암호 같은 문자들을 보며 서럽게 우셨겠지만 내가 그렇게 꾹꾹 눌러 세 개의 영어 단어들을 써야 했던 것은 그저 '사월이었고 철조망(얼마나 절망적인 말인가?) 너머의 복사꽃이 너무 붉었기 때문' 이었다.

마누라 없인 살아도 장화 없이는 못 산다는 훈련소의 질척질척한 붉은 황토 위를 박박 기던 낮은 포복의 날들과, 모심기 대민 봉사를 나가 입대하고 처음으로 바깥세상 구경을 하던 날 부슬부슬 내리는 비를 맞으며 논 주인에게 대책 없이 얻어 마신 막걸리에 대취해 내 군복 앞가슴에 무수히 찍히던 소대장의 군화 발자국들과, 달빛만 서럽게 밝던 초병哨兵의 밤들과, 불맥기를 올려 광을 낸 군화와 줄 세운 일계장 군복에 찰랑이는 링까지 차고 나서던 짧은 휴가의 날들과, '동이 트는 새벽꿈에 고향을 본 후 외투 입고 투구 쓰면 맘이 새로워' 를 숨차게 부르며 달리던 기상 구보의 추운 새벽들과, '거꾸로 매달아 놔도 국방부의 시계는 돌아간다.' 는 말을 주문처럼 뇌며 보내던 지루한 고참병의 날들로부터 멀리 떠나왔지만 그 푸르던 제복의 시절은 야만적이어서 아름다운 기억으로 남았다.

'아직도 그 북소리가 들리는가, 페르난도Can you hear the

drums, Fernando?'로 시작되는 아바의 노래는 1840년대에 텍사스의 영유권을 둘러싼 미국과의 전쟁에 나섰던 늙은 멕시코 전사의 기억을 떠올리고 있다.

'그래. 내가 다시 또 총을 들어야 한다면 기꺼이 그러겠네, 내 친구 페르난도여Yes. If I had to the same again, I would, my friend, Fernando'

그러나 어쩌랴? 떳떳하고 애국적이었던 날들이었지만 제대한 이 땅의 남자들이 제대 후 몇 년 동안, 어쩌면 평생 동안 시달리게 되는 가장 끔찍한 악몽이 다시 영장을 받고 입대하는 꿈인 것을.

수선화에게

수선화. 오래 전 노래에서 그 이름을 처음 들었다.

'언덕을 넘어서 가던 그날/ 수선화가 피어 있었네.'

중학교 음악 시간에 배운 〈홍하의 골짜기〉의 2절쯤의 가사의 한 대목이었다. 영어 제목들을 그대로 번역해 쓰던 시절, Red River, 즉 붉은 강은 그대로 '홍하紅河' 가 되고 시골의 작은 마을을 의미하는 valley도 '골짜기' 가 되어 미국 민요 〈Red River Valley〉는 그렇게 '홍하의 골짜기' 라는 이름으로 우리에게 불리어졌었다. '사람들은 당신이 곧 이 마을을 떠날 거라고 말해요From this valley they say you are going' 로 시작해 끔찍이도 사랑하던 여인을 떠나보내야 하는 어느 카우보이의 안타까운 마음을 토로하는 그 가사에는 사실 수선화가 등장하지 않지만 그 노래 덕분에 수선화는 내게 이별의 심사가 담긴 슬픈 꽃으로 다가왔었다. 그녀가 떠난 뒤 이별의 아픔에 미치도록 괴로워하던 카우보이도 마을을 떠나고 얼마 후 사막에서 죽은 채로 발견되었는데 근처의 작은 카페의 낡은 피아노가 저절로 그 노래를 연주하더라는 슬픈 전설까지 가지고 있는 터이다.

그 무렵쯤 워즈워드의 시에서 수선화를 만났다.

'I wandered lonely as a cloud/ That floats on high o' er vales and hills[골짜기와 언덕을 외로운 구름처럼 떠돌다가]/ When all at once I saw a crowd/ A host of golden daffodils[나는 보았네 황금빛 수선화의 무리를].'

각운(脚韻, rhyme, 시의 행 끝에 cloud와 crowd, hills와 daffodils처럼 같은 음의 단어를 배치해 리듬감을 살리는 영시의 한 특징)이 오롯이 살아 있는 「수선화Daffodils」라는 제목의 이 시에서 우리의 삶은 덧없고 외로운 방랑의 길이고 수선화는 나그네의 지친 심신을 달래주는 위로의 꽃이다.

내가 야생의 수선화와 처음 맞닥뜨린 것은 친구 김 시인과의 제주도 여행길에서였다. 달콤한 여수旅愁와 취기로 적당히 지쳐 있던 우리는 서귀포의 이중섭 공원의 주크박스에서 흘러나오는 남인수의 〈서귀포 칠십리〉를 듣고 또 들었다. 주크박스의 단추를 몇 번씩이나 누르면서 '바닷물이 철썩 철썩 파도치는 서귀포/ 진주 캐던 아가씨는 어디로 갔나' 라며 처량하게 떨리는 그 노래를 듣고 있는데 그때 희미한 박명薄明 속에서 수선화가 다가왔다. 일부러 가져다 꾸며 놓은 듯한 현무암 사이로 수선화들이 무리지어 피어 있었던 것이다. 희미한 취기 속에서 워즈워드의 시가 떠올랐음은 물론이고 이중섭 거리를 오르내리며 들른 술집들에서는 브라더스 포의 〈일곱 송이 수선화 Seven Daffodils〉를 흥얼거리고 있었다.

'내게는 호화로운 집도 없고 땅 한 뙈기, 손아귀에 움켜쥘 지폐 한 장 없지만 그대에게 천 개의 언덕에서 떠오르는 아침 해를 보여줄 수 있고 키스와 함께 일곱 송이 수선화를 드릴 수는 있어요but I can show you morning on a thousand hills and kiss you and give you seven daffodils.'

평수 넓은 아파트나 부동산이나 명품 백보다 일곱 송이 수선화에 더 마음이 흔들릴 연인들은 서귀포의 진주 캐던 아가씨들과 함께 다 어디로 갔을까?

아마도 제주의 수선화를 가장 사랑하고 귀히 여겼던 이는 추사秋史 김정희였을 것이다. 추사는 제주 유배지에서 처음 본 수선화에 반해 그 꽃을 찬讚하는 스물세 수首의 시를 남겼다.

'一點冬心朶朶圓[한 점 겨울 마음 송이송이 둥글고]/ 品於幽淡冷儁邊[그 기품 그윽하고 맑아 차갑게 빼어났네]/ 梅高猶未離庭?[매화가 귀하다지만 뜰을 떠나지 못하는데]/ 淸水眞看解脫仙[맑은 물 위에 참으로 해탈한 신선을 보네]'

제주의 농부들이 아무렇게나 캐서 버리거나 말 먹이로 쓰는 그 꽃을 가져다가 분에 고이 심어 창가에 놓아두고 추사는 그 향기와 자태에서 해탈한 신선을 보았던 것이다.

꽃가루를 옮기는 벌 나비가 없는 음력 정월 그믐께부터 피기 시작하는 그 꽃은 그래서 그 향기가 더욱 그윽하고 진하다. 마치 난초와 같이 고졸古拙한 잎들이 먼저 나고 가느다란 젓가락 같은 꽃대가 올라와 네댓 개의 꽃들이 피어난다. 하얀 꽃받침에 노란 황금빛 꽃술이 자리 잡은 모양에서 은쟁반에 놓인 금잔盞 같다고 하여 금잔옥대金盞玉臺로 불리기도 하는 그 꽃들은 피어나자마자 다소곳이 고개를 숙인다. 그 모양에서 나르시스의 전설이 생겨났을 것이다.

천하의 미남자 목동이었던 나르시스는 자신을 좇아다니는 요정妖精 에코의 사랑을 받아주지 않은 벌로 샘물에 비친 자신의 아름다운 얼굴을 사랑해 그걸 바라보느라 물가를 떠나지 못한다. 허구한 날 고개를 떨어뜨리고 처연하게 물만 바라보다가 그가 죽은 자리에서 수선화가 피어났다는 것이다. 그가 그렇게 물가를 떠나지 못했던 것은 자신의 모습을 사랑했기 때문이 아니라 외로워서가 아니었을까? 모름지기 사람은 사랑해 주는 이가 없어서 외로운 게 아니라 남을 사랑하지 못해서 외로운 것이다.

'울지 마라/ 외로우니까 사람이다' 로 시작하는 정호승의 시

「수선화에게」에서는 나뭇가지에 앉은 새도 외롭고 산 그림자도 외롭고 하느님도 외롭고 종소리마저 외로워서 울려 퍼진다.

누군가가 떠나가고 있는 길섶이나, 나그네의 지친 유랑의 발길에나, 이중섭 공원의 어슴푸레한 박명薄明 속이나, 추사가 유배했던 서귀포 대정읍의 현무암 돌담 아래나, 어느 호젓한 물가에 지금쯤 수선화가 외롭게 피어 있을 것이다.

숫자의 저편

'나이는 숫자에 불과하다' 고 사람들은 말한다. 나이라는 것이 절대적이고 치명적인 것이 아니라 단순히 숫자로 표시되어지는 인생의 한 지점에 지나지 않는다는 뜻이겠지만 이 말에는 숫자에 대한 터무니없는 오해가 숨어 있다. 우리의 삶 속에서 숫자란 얼마나 엄정하고 견고한 것인가? 통장의 잔고殘高를 확인하거나 체중계 위에서 우리를 웃고 울게 만드는 것도 숫자이듯이 우리의 삶 구석구석 어느 곳에든 숫자는 엄혹한 의미를 지닌 채로 도사리고 있다. 우리 삶의 정체성조차 앞과 뒤 합해 13자리의 아라비아 숫자로 이루어진 주민번호로 대치되고 있지 않은가?

오늘날 우리 삶을 지배하고 있는 아라비아 숫자는 1,400여 년 전에 인도인들에 의해 만들어진 것으로 추정되지만 아라비아를 거쳐 유럽으로 전해진 것이어서 아라비아 숫자로 불리어지고 있다. 아무것도 없지만 숫자 뒤에 붙을 때마다 10배로 불어나는 마법을 발휘하는 '0' 이라는 숫자의 개념까지 발명한 인도인들이 오늘날 수학을 기본으로 하는 IT 업계에서 두각을 나타내는 것이 우연은 아닐 것이다. 아득한 그 옛날부터 지금까지 우리의 일상과 생각을 간섭하고 있는 숫자들의 저편을 들여다보자.

1은 아라비아 숫자나 로마자, 한자에 이르기까지 예외 없이 하나의 획으로 이루어진다. 1은 기본이고 시작이다. 그리고 '유일하고 절대적' 이라는 의미를 가지고 있어 기독교의 유일신 여호와도 우리말로는 '하나님' 이 된다. '우리는 하나다', '통일統一', '일심동체一心同體' 등에서 보듯이 1은 동지 의식을 의미하기도 한다. 저 암울했던 5공을 탄생시켰던 장군들의 모임인 '하나회' 도 음험한 동지 의식을 다지는 이름이었다.

지은이도 알려지지 않은 채 전해지는 '하나는 외로워 둘이랍니다' 라는 시도 말해 주듯 2는 1보다 안정된, 아귀가 맞는 수이다. 세상은 수많은 이분법二分法으로 이루어져 있다. 선과 악, 하늘과 땅, 음과 양, 밤과 낮, 남과 여, 이성과 감성 등은 2라는 숫자 안에서 대립하거나 조화를 이룬다.

3점은 왜 고스톱의 기본 점수가 되었을까? 그리스 신화의 포세이돈은 왜 삼지창을 들고 있었을까? 왜 다리 셋 달린 까마귀

'삼족오三足烏'가 고구려의 상징물이 되었을까? 세상의 대다수의 토속 신앙들은 왜 '천지인天地人'을 기본 개념으로 삼았던 것일까? 삼원색, 삼위일체, 삼총사, 삼정승, 삼색기三色旗 등에서 보듯 1인 양과 2인 음을 합한 숫자인 3은 완벽수를 나타내고 있다.

브루스 윌리스가 주연한 뤽 베송 감독의 영화 〈제오원소The Fifth Element〉는 사랑을 의미하는 데 우주를 구성하는 네 가지 원소가 물, 불, 흙, 공기라는 배경을 깔고 있다. 춘하추동, 동서남북이 말해 주듯 4는 우주를 물리적으로 구성하는 숫자이다. 그러나 한자를 사용하는 동양 문화권에서는 그 발음이 죽을 '사死'자와 비슷하다 하여 불길한 수로 여겨지기도 한다.

오랜 세월 하늘을 쳐다보던 인류는 5개의 행성을 관측했다. 수금화목토성이 그것이다. 그 다섯 개의 태양계의 행성에다 해와 달을 넣어 음양오행陰陽五行으로 우주의 비밀을 풀고 인간의 길흉을 점쳤다. 일주일의 이름도 여기에서 온 것이다. 5는 우주의 수이다. 인간을 비롯한 영장류만이 다섯 개의 손가락을 가지고 있다는 것도 의미심장하다.

주사위를 던졌을 때 기대할 수 있는 가장 높은 숫자는 6이다. 6은 가장 강한 수로 여겨져 왔다. 성서의 요한계시록에 나오는 짐승의 이마에 새겨진 666이라는 숫자가 공포심을 유발하는 것도 강하고 악한 존재에 대한 두려움 때문일지도 모른다.

7은 신의 완전수이고 지혜의 완전수이다. 신은 세상을 만들기 시작한 지 7일째 되는 날에 인간을 만들고 쉬었다. 7이라는 숫자는 명예와 승리를 의미한다. 북두칠성은 일곱 개의 별이고 무지개는 빨주노초파남보의 일곱 색깔이고 백설 공주를 보살피는 난장이들도 일곱이다. 7은 무엇보다 '럭키 세븐Lucky Seven', 행운의 숫자이다.

중국인들은 맹목적으로 8을 좋아한다. 8자가 많이 들어간 자동차 번호판이라든가 전화번호에 열광한다. 새롭게 출발한다든가 발전을 의미하는 '발發' 자의 발음이 8과 비슷하기 때문이다. 결혼을 앞둔 신랑 신부들이 가장 선호하는 날이 8월 8일인 것은 말할 것도 없다. 8등신에다 8방미인의 팔 자八字가 꼭 좋으라는 법은 없겠지만.

완벽수 3에다 또 3을 곱한 9는 최고의 숫자이다. 9월 9일은 중양절重陽節로 일 년 중 양기가 가장 성한 날이다. 오랠 '구久'와 발음이 같아 영원을 의미하기도 한다. 투전판에서는 9를 의미하는 가보가 가장 높은 끗수이다. 아주 아득히 먼 곳은 구만리장천九萬里長天이고 깊고 깊은 궁궐은 구중궁궐九重宮闕이다.

살아 있는 한 우리는 예금통장의 잔고를 말해 주는 숫자로부터도, 우리의 정체를 증명하는 주민증의 13자리 숫자로부터도, 굽이굽이 우리 삶의 순간들을 간섭하는 그 모든 숫자들로부터 아마 벗어나지 못할 것이다.

온종일 숲을 헤매던 원시인은 수확해 온 하루치의 붉은 열매들을 앞에 놓고 세기 시작한다. '하나, 둘, 셋……. 많다.' 그에게 셋 이상의 숫자는 알지도 못하고 알 필요도 없었다.

최근까지 조선의 마지막 주모가 살아 있었다는 예천 삼강나루 주막의 그을음 묻은 정주 바람벽에는 그어 놓은 막대기들이 그녀의 삶의 흔적으로 남아 있다. 숫자를 몰랐던 그녀의 외상 장부였다. 그 정겨운 숫자의 세상은 지금 우리에게는 너무 멀고 아득하다.

봄밤

봄밤처럼 시각, 청각, 후각이 두루 아득한 때가 있으랴? 저녁을 먹고 느지막이 나서 한갓진 밤길을 걸어 보라. 젊은 시절, 자주 부르던 노래가 있었다.

'목장 길 따라 밤길 거닐어 고운 님 함께 집에 오는데/ ……/ 숲 근처 올 때 두견새 울어 내 사랑 고백하기 좋았네.'

후렴으로 '스토돌라 품파' 어쩌고 하는 보헤미아 민요를 번안해 김세환이 부른 〈목장 길 따라〉였다. 그 시절, 목장 길이란 소들이 한가로이 풀을 뜯는 초원을 연상시키는 로맨틱하고 이국적인 느낌의 말이었지만 현실적으로는 가축들의 분뇨 냄새 때문에 고운 님과 함께 밤길을 걷기도, 사랑을 고백하기도 마땅치 않다. 하얀 배꽃, 사과꽃 달빛에 젖는 과수원 길이 더 좋으리라.

고려 때 문인 이조년李兆年이 그 그윽한 봄밤의 정취를 노래하고 있다.

'이화梨花에 월백月白하고 은한銀漢이 삼경三更인 제/ 일지춘심一枝春心을 자규子規야 아랴마는/ 다정多情도 병病인 양하여 잠 못 들어 하노라.' 달빛은 배꽃을 적시는데 밤 깊은 하늘엔 은하수가 흐르고, 가지에 드리운 춘정春情을 소쩍새가 알고서 울 리 없건만 나 홀로 정이 깊어 잠을 못 이룬다는 이 시에서의 봄밤은 시각과 청각이 흥건히 어우러진 한바탕의 꿈이다.

배꽃은 순결한 아름다움을 찬讚하는 최상의 은유이다. 한때 이 땅의 모든 남성들의 로망이던 여자대학의 이름도, 장미희 주연의 영화로 만들어지기도 했던 조해일의 소설 『겨울여자』에서 순결한 사랑에 목말라하던 여자 주인공의 이름도 이화梨花가 아니던가?

'梨花一枝帶春雨'. 양귀비와 현종의 길고 긴 사랑의 한恨을 노래한 '장한가長恨歌'에서 당나라 시인 백거이白居易는 양귀비의 아름다운 얼굴을 그렇게 '봄비를 머금은 배꽃'에 비유했다. 조선 중기의 풍류남아 임제가 황진이의 무덤에 절하고 잔을 바쳤다는 연유로 파직당하고 그녀의 딸 설홍의 미색을 탄하며 지었다는 시 「말없이 이별하다[無語別]」에서도 '달빛 젖은 배꽃을 보며 눈물 흘리다[泣向梨花月]'라고 노래했으니 이화梨花에 월백

月白한 봄밤, 홀로 정이 깊어 도무지 잠 못 이룰 만하지 않은가?

'소쩍꿍 소쩍꿍 소쩍꿍새가 울기만 하면 떠나간 그리운 님 오신댔어요'

저고리 고름 말아 쥐고 버들잎 지는 개울가에서 소쩍새 울 때만 기다리는 〈낭랑 18세〉의 처녀나 봄부터 그렇게 울어 국화꽃을 피운다는 미당未堂의 소쩍새는 〈목장 길 따라〉의 두견새나 이조년의 자규子規와는 다른 새라지만 시와 노래에서는 같은 새로 두루뭉실 쓰이는 듯하다. 봄밤 멀고 가까운 산에서 으스스하게 우는 접동새라고도 부르는 그 새는 슬픈 전설을 가지고 있다. 보릿고개의 가난한 봄날, 열 남매 중 막내가 굶어 죽어 정답던 가족들을 떠나지 못하고 새가 되어 이 산 저 산 옮겨 다니며 '솥 적다(작다), 솥 적다' 하고 운다는 것이다. 소월은 안타까이 그 새를 노래한다.

'접동/ 접동/ 아우래비 접동/ 아홉이나 남아 되는 오랍 동생을/ 죽어서도 못 잊어 차마 못 잊어/ 야삼경夜三更 남 다 자는 밤이 깊으면/ 이 산 저 산 옮아가며 슬피 웁니다.'

그렇게 봄밤은 소쩍새 소리로 서글피 깊어가기도 한다.

내가 일 년 중 가장 좋아하는 계절은 모심기를 위해 논에 물을 그득 실어 놓은 이맘때쯤이다. 대합조개 껍데기를 마주 부비는 듯(심훈의 『상록수』), 꽈리를 부는 듯 울어대는 개구리 소리가 내 호젓한 봄밤을 어루만져 주기 때문이다. 오래 전 도시에서 온 손님들이 집 앞 논들에서 우는 개구리 소리에 넋을 놓기에 한 마리에 80원씩 2만 마리를 사 넣었노라고 뻥을 쳤었다. 감탄을 하며 고개를 주억거리던 그들 중 일부는 아직도 그 말을 사실로 믿고 있다. 그들에게 나는 개구리 소리를, 그것도 겨우 짧은 봄철 한때 그 소리를 듣겠다고 거금을 쏟아붓는 낭만주의자가 된 셈이다. 이 밤, 도시의 한 삭막한 모퉁이에서 누군가는 고향 마을의 그리운 개구리 소리를 환청처럼 듣고 있을지도 모른다.

한센병(문둥병)을 얻은 시인 한하운이 소록도를 향해 전라도 황톳길을 절룩이며 가고 있다. '가도 가도 붉은 황톳길/ 숨 막히는 더위 속으로 절름거리며 가는 길/ ……/ 버드나무 밑에서 지까다비를 벗으면/ 발가락이 또 한 개 없다' 그 천형天刑의 길에서 밤이 오면 그는 개구리 소리를 들었다. 그에게는 그 소리가 도란도란 아이들 글 읽는 소리로 들렸을까?

'가갸 거겨/ 고교 구규/ 그기가/ 라랴 러려/ 로료 루류/ 르리라(한하운의 「개구리」 全文)'

어느 시인의 말처럼 그에게 봄밤은 온통 법당法堂이고 개구리 소리는 낭랑한 게송(偈頌, 부처나 보살의 덕을 찬미하는 노래)이었을지도 모른다.

아까시나무는 땅 속의 바위들을 바수기도 하고 무덤까지 그 뿌리로 뚫는다고 하여, 그리고 무엇보다 우리 민족의 기상인 소나무를 없애려고 일본인들이 심었다고 하여 편견과 적개심을 갖게 하지만 봄밤의 정취로야 최상이라 할 향기를 우리에게 선사한다.

어느 봄밤, 집으로 돌아와 희미한 취기 속에 둑길을 걷고 있는데 물 건너 산 쪽에서 바람이 불어왔다. '아, 이 밤 어딘가 세상의 후미진 곳에서 누군가 소리죽여 울고 있구나.' 훅 끼쳐오는 아까시꽃 향기에 잠깐 정신을 놓은 순간 머릿속을 스치던 생각이었다. 그래. 아무도 울지 않는 밤이 어디 있으랴?

봄밤은 아름다워서 애닯다. 박은옥은 노래한다.

'봄밤에 쓴 편지 못 부칠 편지/ 그 편지 쓰다가 가슴이 타서/ 고운 님 미운 님 잊어버릴까'

봄밤은 아름다워서 짧다. 느지막이 저녁을 먹고 나서 보자. 배꽃에 취해 소쩍새 소리, 개구리 소리도 들으면서 아까시꽃 향기 그윽한 봄밤을 걸어 보자. 오늘밤은 열이레 달빛도 밝으리라.

푸르던 날의 소풍

소풍 가기 전날 밤에는 언제나 가슴 설레며 잠을 뒤척였다. 양을 한 백 마리쯤 세며 겨우 잠이 들었다가 비가 오는 꿈에 소스라쳐 놀라 깨어나면 아직도 캄캄한 새벽이었다. 한껏 들떠서 아침은 먹는 둥 마는 둥 하고 학교 운동장에 집합했다가 열을 지어 주로 수양버들 그늘 짙고 모래 고운 강변이던 소풍지로 향했다. '무궁화 무궁화 우리나라 꽃 삼천리강산에 우리나라 꽃' 이나 '압박과 설음에서 해방된 민족 싸우고 싸워서 세운 이 나라' 같은 노래를 부르며 타박타박 걸어가는 십여 리 길도 지척이었다. 소풍날이면 맨날 하는 수건돌리기나 보물찾기였지만 아이들의 깔깔거리는 웃음소리가 강변을 채우곤 했다.

기다리던 점심시간이 되면 가까운 동무들끼리 풀밭 위에 앉아 김밥을 먹는다. 어머니가 정성스레 싸주셨지만 요즘처럼 먹기 좋게 잘라 놓은 김밥이 아니었다. '먹기 좋게' 라든가 '먹기 편하게' 는 그 시절의 고려 사항이 아니었다. 그저 배만 부르면 그만이던 시절이었다. 입에 넣으려면 눈을 크게 떠야 할 만큼 굵게 만 김밥에는 미나리가 한 줄 길게 들어 있어서 한 입 베어 물 때 앞니로 단단히 끊지 않으면 한꺼번에 술술 딸려 나와 버려 그 다음 부터는 맨밥만 먹게 되기가 일쑤였다.

푸른 바탕에 별이 세 개 그려져 있던(그래서 삼성 사이다였던가?) 상표의 사이다는 봄 햇볕에 데워져 뜨뜻했지만 그래도 혀끝을 톡 쏘는 청량함은 소풍 때가 아니면 누려 보기 힘든 호사였다. 찰랑이며 흘러가는 맑은 냇물과 수양버들 그늘로 불어오던 푸른 바람 속에 긴 봄날이 짧기만 했다.

소풍消風. 바람을 쐰다는 말이다. 아주 오래 전에는 일본 말로 원족(遠足, 엔소꾸, 멀리 걸어간다는 뜻이리라)이라고 부르기도 했다. 교련敎鍊이 있던 시절에는 행군行軍이라고 전투적으로 부르기도 하고 요즘에 와서는 현장 학습이라는 건조한 말로 불리기도 하지만 푸르던 소풍의 기억이 누구에겐들 없으랴?

우리 현대사의 아픈 그늘을 이야기하는, 리얼리즘 영화의 명작이라 할 이창동 감독의 〈박하사탕〉의 처음과 끝은 소풍 장면으로 채워져 있다. 이따금 기차가 지나가는 철교 아래 백사장 (제천에서 조치원 쪽으로 가는 충북선의 삼탄역 어름인 그 유원지를 나도 기차로 두어 번 지난 적이 있다)에서는 봉재공장 공원들이 모여 소주도 마시고 노래도 부르며 한 바탕 질펀하지만 쓸쓸한 봄소풍을 벌이고 있다. 꿈, 사랑, 희망 같은 걸 모두 잃어버린 중년의 남자 영호(설경구)가 철교 위로 올라가 다가오는 기차를 향해 소리치는 그 영화의 첫 장면을 기억할 것이다.

"나 다시 돌아갈래."

어떤 사람에게는 피학被虐보다는 가학加虐의 기억이 더 큰 트라우마가 될 수 있다. 군대 시절 광주 항쟁의 진압군으로 투입되었고 제대 후에는 시위 학생들을 고문하는 공안 형사로 악명을 떨쳤던 영호의 삶은 피폐해져 가고 결국 아무것도 남아 있지 않았을 때 그는 문득 푸르던 소풍의 날의 기억을 떠올린다. 그 기억은 스무 살의 공원工員 시절 같은 공장에서 일하던 첫사랑 순임(문소리)과 그 백사장으로 소풍을 나왔다가 순임이 건네주던 박하사탕의 그 쌉쌀한 맛으로 남아 있다. 모든 것을 잃어버린 그에게 '다시 돌아가고 싶은' 그곳은 바로 그 푸르던 소풍의 날의 기억이었던 것이다.

네 사람의 남녀가 풀밭 위에 앉아 있다. 멀찌감치 뒤쪽에서 반라半裸의 한 여인이 몸을 굽혀 흐르는 물속에 손을 담그고 있고 앞쪽에는 소풍 바구니 주위로 과일들이 아무렇게나 흩어져 있다. 중앙의 두 남자가 답답할 정도로 정장을 한 채로 비스듬히 기대어 있는데 그 앞에 실오라기 하나 걸치지 않은 전라全裸의 여인이 모로 앉아 뻔뻔스러울 정도로 대담하게 정면을 바라보고 있다. 미술사美術史의 한 충격이었던 에두아르 마네의 〈풀밭 위의 점심〉이다.

1863년, 이 그림이 처음 등장했을 때 풍경과 사람, 사람과 사람 사이의 도무지 설명되지 않는 관계가 많은 비평가들과 감상자들을 불편하게 했다. 여성을 자연, 남성을 문명으로 상징하기도 했던 터라 그 그림이 근대의 남성우월주의를 표현한 것이라는 풀이도 가능하지만 문명이 자연보다 우위에 있는 것이라면 차라리 저 풀밭 위에서 문명의 옷을 훌훌 벗어버리는 편이 더 나으리라. 일상의 옷을 벗어던져야 비로소 소풍일 수 있는 것이다.

영화 〈아웃 오브 아프리카Out of Africa〉는 젊은 날 아프리카에서 연인을 잃어버린 한 덴마크 여인의 회고록이다. 케냐에서 커피 농장을 하던 카렌(메릴 스트립)은 자유로운 영혼을 가진 사냥꾼 데니스(로버트 레드포드)를 만나 사랑에 빠지지만 경비행기 사고로 그를 잃고 실의에 빠져 덴마크로 돌아온다. 행복한 순간들은 지나가지만 아름다운 기억은 남는다. 모차르트의 클라리넷 협주곡 2악장의 선율이 축음기에서 흘러나오던 푸른 풀밭에서의 소풍의 기억이다.

천진무구의 시인 천상병은 노래했다.

'나 하늘로 돌아가리라/ 아름다운 이 세상 소풍 끝내는 날/ 가서, 아름다웠다고 말하리라'

소년이었을 때 풀밭에 누워 자주 하늘을 보았었다. 목덜미와 손바닥을 간질이는 풀들의 감촉과 풀잎 향기에 마음을 빼앗긴 탓인지 나중에 커서 애인이 생기면 시계꽃 냄새 맡으며 함께 누워 하늘을 봐야겠다는 생각을 했던 것 같다. 한 번도 풀잎 씹으며 나란히 누워 하늘을 본 적도 없이 애인들은 지나가고 혼자 둑길을 걷다가 문득 쳐다본 하늘이 푸르다.

나도 가서, 아름다운 소풍이었노라고 말할 수 있을까?

선거의 추억

정치라든가 투표에 대한 내 기억은 어린 시절의 바람벽에서 시작된다. 목단 꽃무늬가 빛바랜 안방의 바람벽에는 열두 달이 한 장에 몽땅 들어가 있는 달력이 벽보처럼 풀로 붙여져 있었는데 일 년 내내 붙어 있어서 근하신년謹賀新年이란 말이 무색한 그 달력 윗부분에 지금은 이 세상 사람이 아닌 국회위원께서 파리똥이 다닥다닥 앉아 있는 얼굴로 푸짐하게 웃고 있었다.

요즘이야 선거가 끝나기 무섭게 선거 벽보가 말끔히 제거되지만 그 시절에는 정미소 벽이나 골목 안 담벼락에 죽기 살기로 붙여 놓은 후보자의 사진과 구호가 들어 있는 그것들이 몇 달이고 그대로 있기가 일쑤였다. 우리는 선거 벽보에 나와 있는 후보자들의 구호를 노래처럼 외고 다녔다. 박정희 씨와 윤보선 씨의 사진 옆에서 웃고 있던 카이저 수염을 한 진복기 씨의 사진도 이채로웠고 오재영 후보의 '배고파 못 살겠다. 죽기 전에 살 길 찾자' 라는 절박한 구호가 살이 올라 퉁퉁하던 그의 사진과 너무 안 어울려 우스웠던 기억도 난다.

아마도 우리나라의 선거 구호의 효시는 신익희 선생의 '못 살겠다. 갈아보자' 와 그에 대응한 이승만 박사의 '갈아봤자 별 수 없다' 가 아니었을까?

이승만 독재 정권에 외롭게 맞서던 해공 신익희 선생은 선거 유세를 위해 이동하던 호남선 새벽 기차에서 심장마비로 세상을 뜨고 '잘 있거라 나는 간다 이별의 말도 없이/ 떠나가는 새벽열차 대전 발 0시 50분' 으로 시작해 '붙잡아도 뿌리치는 목포행 완행열차' 로 끝나는 저 유명한 〈대전 블루스〉로 의지가 지없던 외로운 국민들을 하염없이 울렸었다. 이승만도 박정희도 해공도 죽고 김대중도 노무현도 죽었다. 나만 그럴까? '좋은 정치가는 죽은 정치가뿐' 이라는 정치 냉소적 농담을 떠올리면 씁쓸해진다.

선거철이 되면 학교가 파하기가 무섭게 부지런히 유세장을 쫓아다녔었다. 무슨 거창한 정치적 포부가 가슴속에서 자라고 있었기 때문이 아니라 그저 재미있었기 때문이다. '유세遊說' 를 유설이라고 읽기도 하던 그 시절, 유세가 자주 벌어지던 원

당천 모래밭이나 영남 양조장 터, 학교 운동장은 그야말로 온갖 구경거리를 갖춘 별천지였다. 상대 후보를 비방하고 또 그에 맞받아치는 독설들로 유세장은 웃음이 그치지 않았고 구멍 난 흰 런닝셔츠를 벗어서는 손가락을 깨물어 그 위에 '아무개 만세!'라고 혈서를 써서 비장하게 흔들어대던 열혈남아도 있었다. 이쪽저쪽 진영에서 골고루 얻어 마신 막걸리로 거나해져서 비틀거리며 다니거나 아예 공술에 취해 버드나무 그늘에 누워 인사불성이 된 어른들도 있었고 고무신이나 비누를 받기가 무섭게 치마폭에 싸 감추고 이제 볼일이 끝났다는 듯 부산하게 유세장을 떠나는 아낙네들도 있었다.

말로만 공명선거를 부르짖으면서 온갖 음험하고 야비한 뒷거래가 무성한 요즘에 비하면 차라리 부끄러움을 알던 그 시절의 순박한 민심과 정겨운 고무신, 막걸리 선거가 그리워진다. 막걸리 한 사발 얻어 마시고 고무신 한 켤레 챙겨, 까짓것 오십 배의 벌금을 무는 한이 있더라도.

야당하기 힘든 시절이었다. 당시 야당의 거두였던 박순천 여사나 유진산 씨가 내려오면 유세 장소조차 허가가 나지 않았고 어렵사리 장소를 잡고 유세를 시작할라치면 시내에 한 대밖에 없던 극장 선전차가 '눈물 없이는 볼 수 없는 여성 필견의 명화, 신성일 엄앵란 주연의…….' 어쩌고 하면서 확성기를 틀며 종일 유세장 주위를 맴돌았다.

당시 야당 후보였던 박용만 씨는 자리를 비우면 무슨 일이라도 벌어질까 봐 요강단지까지 마련해 지키고 있었건만 갑자기 정전이 되면서 우왕좌왕하는 통에 투표함이 바꿔치기되고 당선자가 바뀌어 버리는 희한한 일도 있었다. 그는 옛 중앙통 어귀에서 전기를 끊어 버려 마이크도 없이 촛불을 켜놓고 육성으로 눈물의 낙선 인사를 하기도 했다.

어두웠던 시절이었지만 선거는 축제였다. 개표하는 날, 군청 공보실에서 득표 집계 중간 발표를 하면 그 옆 초등학교 운동장에서는 각 후보의 지지자들이 패가 나뉘어져 촛불을 켜놓고 모여 앉아 때로는 물리적 충돌도 마다하지 않으면서 표의 향배에 따라 함성도 지르고 한숨을 쉬기도 하는 떠들썩하고 들뜬 밤을 보냈다.

그러나 그 밤이 지나고 나면 마치 운동회가 끝난 청군 백군처럼 다시 정다운 이웃이 되어 오순도순 살아가던 그 시절은 좋았다. 선거가 끝나면 깊은 골이 패어져서 몇 번의 선거가 오고 또 가도록 그 골을 메우지 못하고 반목을 일삼는 요즘에 비하랴.

영어에는 정치가statesman라는 말과 정치꾼politician이라는 말이 있다. 정치가는 다음 세대를 생각하고 정치꾼은 다음 선거를 생각한다고 한다. 평소에는 국민 생각은 까마득한 뒷전이고 잔뜩 위세를 부리며 군림하다가 선거 때만 되면 표를 달라고 굽실거리는 사람들이 오늘도 선거벽보 속에서 환하게 웃고 있다. 제발 웃지 좀 마시라. 당신들이 웃으면 우리는 울고 싶어진다.

처칠은 정치꾼들을 콜럼버스라고 말했다. 출발할 때 어디로 가는지 몰랐고 도착해서도 거기가 어딘지 몰랐으며 게다가 그것도 순전히 남의 돈으로 했으므로.

미스 김

해방 직후 미美 군정청 소속의 한 식물 채집가가 북한산을 오르다가 바위들 사이에 자라고 있는 나지막한 꽃나무를 발견하고 그 향기와 다소곳한 자태에 반해 미국으로 가져갔다. 그 종자를 번식시켜 전 세계에 보급하기에 앞서 그는 어떤 이름을 붙여야 할지 고민에 빠졌다. 그때 문득 그의 머리에 떠오른 것은 한국에 있을 때 그의 사무실에서 자료 정리를 도와주던 한국인 타이피스트 김 아무개라는 처녀였다. '미스 김 라일락Miss Kim Lilac.' 60년대 후반에 원산지였던 우리나라로 역수입되어 봄이면 우리 산천을 맑은 향기로 채우는 그 꽃은 그렇게 미스 김이라는 이름을 갖게 되었다.

미국 문화가 물밀듯 밀어닥치던 해방과 전쟁 공간에서 그렇게 이 땅의 처녀들에게는 '미스' 라는 낯선 이름이 붙여져 부산에서의 피난 시절을 끝내고 고향으로 돌아가는 사내들의 유행가에도 남았다.

'아, 잘 있거라 부산 항구야/ 미스 김도 잘 있어요 미스 리도 안녕히/ 온다는 기약이야 잊으랴만은/ 기다리는 순정만은 버리지 마라'

50년대 후반부터 전화라는 신기한 물건이 본격적으로 보급되기 시작하면서 전화가 젊은이들의 연애 수단으로 등장했다. 남백송, 심연옥이 좀 낯간지러운 목소리로 부르는 〈전화통신〉에도 어김없이 미스 김은 등장한다.

'여보세요, 미스 김, 안녕하세요?/ 여기는 청파동 청년 박이요/ 지나간 일요일은 약속한 대로/ 하루 종일 극장 앞에 비를 맞으며/ 기다리게 하였으니 고맙습니다.'

원래의 '미스Miss' 라는 영어 호칭은 시집 안 간 처녀를 높여서 부르는 말이지만 한때 이 땅의 다방이나 유흥업에 종사하는 처녀들을 좀 쉽게 부르는 이름으로 변질되기도 했다. 말이라는 것은 그 쓰임새에 따라 그 느낌과 빛깔이 달라지기도 하는 것이다. 양孃이나 군君이라는 말도 높임말이지만 '김양아', '이군아' 하고 부를 때는 그 격이 낮추어지지 않던가?

군君이나 양孃은 물론이고 '씨氏' 라는 호칭에도 일본말의 잔재가 남아 있어 좀 께름칙한 게 사실이다. 요즘 인기 있는 TV

우스개 프로에 나오는 말투를 빌려 말한다면 이런 식이 될까? '다 사라졌어. 우리 고유의 좋은 말 다 어디 갔어? '씨氏' 대신에 '님'을, '군君' 대신에는 '도령'이라는 말을 쓰고 '양孃'은 '소저'라고 부르면 어떨까?

아무튼 유교 문화에 오래 젖어온 우리는 호칭에 너무 얽매여 사는 게 사실이다. 서로를 부르는 호칭 때문에 얼굴을 붉히고 주먹다짐까지 하는 경우가 비일비재하지 않던가? 미국의 경우도 남자들은 결혼 여부에 관계없이 '미스터Mr.'라고 부르는데 여자들만 미혼의 경우는 '미스', 기혼의 경우는 '미세스Mrs'로 차별해 부른다고 하여 1972년에 글로리아 스타이넘이라고 하는 맹렬여성이 나타나 결혼 여부에 관계없는 '미즈Ms'라는 호칭을 만들어내기도 했지만.

우리의 미스 김은 잠시 쉬게 놓아두고 다시 라일락 이야기로 돌아가 보자. 라일락은 산수유 꽃도 지고 개나리, 목련이 다 지고 봄의 마지막 자락까지 피어 있다. T. S. 엘리엇은 '죽은 땅에서 라일락을 피워내고……'라는 시로 잔인하리만치 끈질긴 삶의 실존을 말하고 있고, 미당未堂은 '나의 영원永遠우 물빛 라일락의 길이로다'라며 그 꽃의 빛과 향을 노래하고 있다.

4월 허리쯤에 진보라빛 꽃망울이 맺혀 꽃이 열리면 점점 그 색깔이 엷어지면서 맑고 진한 향기를 뿜기 시작한다.

'그대 모습은 보랏빛처럼 살며시 다가왔지/ 예쁜 두 눈엔 향

기가 어려 잊을 수가 없었네'

강수지의 노래 〈보랏빛 향기〉는 아까시 향보다 더 짙고 장미 향보다는 좀 더 단 그 라일락꽃의 향기임에 틀림없다. 그 꽃을 '정향丁香' 이라고도 부르는데 고무래 '정丁' 자에는 강하다는 의미도 있으므로 그 꽃 이름으로는 합당하다 할 것이다. 가냘프고 그윽하게 다가오는 향기가 아니라 강하게 확 끼쳐와 가슴에 와락 안기는 것 같은 향기를 라일락은 가지고 있다.

이름에 따라 식물 전문가들은 구분해 내겠지만 그 꽃이 가지고 있는 많은 이름들(개회나무라고 불리기도 한다) 중에 나는 '수수꽃다리' 라는 이름을 가장 좋아한다. 그 꽃망울이 작은 수수 열매처럼 송글송글 이마를 맞대고 피어나는 모습에서 따온 이름이리라. 얼마나 정겹고 소박한 이름인가?

6 · 25 전쟁 무렵에 〈신라의 달밤〉으로 유명한 가수 현인이 '남국의 처녀' 라는 제목으로 불렀던 멕시코 노래 〈베사메 무초Besame Mucho〉는 스페인 말로 '뜨겁게 키스해 주오Kiss me much' 라는 뜻이다. 떠나려고 하는 연인이 마치 오늘밤이 마지막인 것처럼 뜨겁게 키스해 달라고 조르는 내용의 이 노래를 현인은 이렇게 번안해 불렀다.

'베사메 베사메 무초/ 고요한 그날 밤 리라꽃 지던 밤에/ 베사메 베사메 무초 리라꽃 향기를 나에게 전해 주오.'

어릴 때부터 그 노래를 들으면서 리라꽃이란 어떤 꽃일까가

늘 궁금했었다. 그게 라일락의 다른 이름이라는 걸 안 건 오십 줄을 넘어서였다.

라일락은 '젊은 날의 추억'이라는 꽃말을 가지고 있다고 한다.

'웃음 짓는 커다란 두 눈동자 긴 머리에 말없는 웃음이/ 라일락꽃 향기 흩날리던 날 교정에서 우리는 만났오.'

윤형주의 〈우리들의 이야기〉는 7, 80년대에 젊음을 건너온 이들이라면 누구에게나 첫사랑처럼 풋풋하고 아련한 노래일 것이다.

뜰 한켠에서 라일락이 지고 있다. 이제 곧 그 보랏빛과 향기는 자취도 없이 사라져 버리겠지만 미 군정청의 낯선 사무실에서 타이프를 치던 미스 김과, 부산항에 두고 떠나온 미스 김과, 라일락꽃 향기 흩날리던 날 교정에서 만난 미스 김들은 우리에게 풋풋한 첫사랑의 이름으로, 그리운 누이들의 이름으로 남을 것이다.

칼레의 기적

우리는 냉정한 과학의 세계에 살고 있다. 세상에서 일어날 수 있거나 일어날 수 없는 모든 일들은 확률이라는 견고한 수치에 의해 계산되고 예측된다. 비나 눈이 올 확률, 어떤 일에 성공하거나 실패할 확률은 물론이고 누군가의 마음을 얻을 확률조차 숫자로 계산되어 기적 같은 비과학적 요소가 끼어들 여지가 좀처럼 없어 보인다. 그래서 우리는 아주 가끔, 그야말로 기적처럼 우리를 찾아오는 믿을 수 없는 기적들에 감동하고 열광한다.

지금 세계의 축구 팬들은 잉글랜드 프로 축구의 최강자를 가리는 토너먼트의 하나인 캐피털 원 컵 준결승에서 일어난 기적에 열광하고 있다. 스폰서도 없고 빚만 잔뜩 있는 4부 리그(영국의 프로 축구는 1부에서 4부까지 90여 개의 팀들로 이루어져 있다) 중에서도 꼴찌를 달리던 팀인 브래드퍼트 시티가 1부의 명문 구단인 애스턴 빌라를 꺾고 결승에 오른 것이다. 목사님과 가게 점원 등 동네 아저씨들로 이루어진, 몸값을 다 합쳐 봐야 1,000만 원을 겨우 넘는 브레드퍼트가 구단 값만 1,500억 원을 호가하는 애스턴 빌라를 꺾었다. 도박사들이 점친 1만분의 1의 우승 확률을 비웃기라도 하듯 뒤집어 버린 기적을 연출한 것이다.

사람들의 예측과 상상을 뒤엎고 절대약자가 절대강자를 이기는 것을 '칼레의 기적'이라고 한다. 칼레는 프랑스 북부의 작은 도시다. 프랑스와 영국을 잇는 해저 터널의 입구라는 걸 세외하면 인구 10만이 채 되지 않는 작은 항구이지만 2000년 칼레의 축구팀은 믿을 수 없는 기적을 연출했다. 정원사와 시계수리공과 평범한 회사원이 포함된 4부 리그에 속해 있던 이 팀은 1부 리그의 명문 팀들을 연달아 꺾고 결승에 진출했다. 유럽의 축구 팬들이 열광한 것은 물론이고 1부 리그의 최강 팀 중의 하나인 낭트와 결승에서 맞붙었을 때는 대통령까지 참석했지만 아쉽게도 2대 1로 고배를 마시고 '칼레의 기적'이라는 말을 만들어내는 데 만족해야 했다.

기적이란 언제나 이렇게 아쉬움을 남기고 미완未完으로 끝나는 것인지도 모른다. 그러나 그 작은 도시 칼레는 더할 나위 없이 완벽한 기적의 역사를 지니고 있다. 그 완성된 기적의 역사는 14세기의 잉글랜드와 프랑스 사이의 왕위 계승과 영토를 둘러싼 '백년전쟁(1337~1453)' 으로 거슬러 올라간다.

파죽지세로 프랑스를 점령해 나가던 잉글랜드의 에드워드 3세는 1347년 9월 칼레를 포위한다. 칼레의 시민들은 11개월 동안이나 끈질기게 저항하다 결국 추위와 굶주림을 견디다 못해 항복한다. 그들의 끈질긴 저항에 분노해 칼레의 시민들의 몰살을 명령한 에드워드 3세는 항복 사절단의 애원을 받아들여 마음을 바꾸지만 잔혹한 조건을 내건다. 칼레 시민 중 여섯 명이 대표로 죽어야 한다는 것이었다. 문제는 시민들을 대신해 죽어야 할 여섯 명을 지명하지 않았다는 것이었다. 시민들 사이에서는 제비를 뽑자는 의견도 있었지만 그 도시 최고의 부자였던 외스타슈 드 생 피에르가 자진해 죽겠다고 나섰다. 시장이었던 장 데르도 나서고 뒤를 이어 부유한 상인 피에르 드 위쌍이 나서고 그의 아들이 아버지의 숭고한 정신을 잇겠다고 나서고…… 순식간에 여섯 명의 자발적 처형자들은 그 도시의 지도층 인사들로 채워졌다. 다음 날 자루 옷을 입고 밧줄을 목에 건 여섯 명의 시민들이 처형장으로 나왔지만 마지막 순간에 그들에게 감동한 영국 왕비의 탄원으로 목숨을 구하게 된다. 조각가 로댕은 1893년 10년에 걸쳐 완성한 조각품 〈칼레의 시민Bourgeois de Calais〉을 그 도시에 보냈다. 위풍당당한 영웅들의 모습을 기대했던 칼레의 시민들은 죽음을 앞두고 고뇌하는 인간의 모습을 그린 그의 작품에 실망했지만 그 조각품은 로댕의 최고의 걸작으로 남았다.

사회 지도층의 도덕적 의무를 뜻하는 '노블레스 오블리주 Noblesse Oblige' 라는 말은 그 여섯 명의 칼레의 시민들의 영웅적 선택에서 유래했다. 얼마 전 새 정부의 총리 후보로 지명된 인사가 검증의 칼날을 피하지 못하고 스스로 사퇴했다. 비교적 존경받는 행적을 지녔다고 여겨지던 그의 사퇴를 보면서 사회적 자괴감과 절망에 사로잡히게 된다. 우리 사회가 최소한의 기본적 검증의 잣대로부터 자유로운 지도자를 갖는다는 것이 정말 기적에 속하는 일인가?

작은 풀잎 하나, 개미 한 마리, 모래알 한 톨, 굴뚝새의 알, 딸기 넝쿨, 내 손의 작은 관절, 한 마리의 생쥐가 세상의 모든 무신론자들까지 감동시키기에 충분한 기적이라고 읊었던 19세기 미국의 시인 월트 휘트먼의 그 기적에라도 기대고 싶은 아침이다.

립스틱, 립스틱

'립스틱 효과' 라는 게 있다. 불경기의 소비 행태를 설명하는 이론이다. 경기가 나빠져 살림살이가 어려워지면 사람들은 고가高價의 물건들에는 지갑을 열지 않고 립스틱 같이 작고 저렴하지만 자기만족과 스스로에게 위안을 줄 수 있는 상품들에 돈을 쓰는 경향이 있다는 것이다.

지난 달 우리나라 립스틱 매출이 56%나 뛰었다고 하니 우리나라 여성들이 지난 달 들어 일제히 입술의 무료함을 느낀 것은 아닐 테고 우리 경제에 불황의 골이 어지간히 깊어지긴 깊어진 모양이다.

'내일이면 잊으리 꼭 잊으리/ 립스틱 짙게 바르고/ 별이 지고 이 밤도 가고나면/ 내 정녕 당신을 잊어주리라.'

술 마시고 노래 부르는 자리에서 어김없이 등장하는 임주리의 노래에서 립스틱은 '까짓것, 잊어주마. 그래도 난 괜찮아'

라는 결의에 찬 자기 위로의 도구이다. 애인을 떠나보낸 남자들은 술을 마시고 꺼이꺼이 울며 분노를 삭이지만 여자들은 거울 앞에 앉아 비장하게 립스틱으로 입술을 붉게 칠하기도 하는 것이다.

외출하는 여성들에게 딱 하나의 화장품만 들고 가라고 한다면 열이면 열 단호하게 립스틱을 선택할 것이다. 오래 전 방영되었던 '원더우먼' 시리즈에서 그녀가 출동하기 전에 꼭 잊지 않고 하던 일이 무엇이던가? 정성스럽게 립스틱을 칠하는 일이었다. 출근 시간에 쫓기는 지하철이나 버스 안에서 남들의 시선에도 아랑곳없이 입술을 칠하거나 카페에서 상대방 남성이 잠깐 자리를 뜨기가 바쁘게 거울과 립스틱을 꺼내드는 여성들의 모습을 보는 것이 어렵지 않다. 이렇듯 립스틱은 여성들에게 있어 화장품 그 이상의 사회학적 의미를 지닌다.

립스틱의 역사는 유혹과 도발의 역사이다. 왁스와 오일과 색소의 혼합물에 지나지 않지만 '화장을 하지 않은 입술은 빛이 없는 램프와 같다'라는 말처럼 윤기 없던 얼굴도 거짓말처럼 생기를 띠게 되고 립스틱의 마술이 슬쩍 스쳐지나가기만 해도 정숙한 입술이 금세 도발적 이미지로 바뀌어 버린다. 60년대부터 미국 영화 속에서 남자들의 환상을 자극하는 삼종 세트는 하이힐과 금발과 립스틱이었다.

그 유혹의 역사는 아득한 원시시대까지 거슬러 올라갈지도 모른다. 먹을 열매를 찾아 숲속을 헤매던 원시인들에게는 '붉은 것 = 익은 것, 붉은 것 = 맛있는 것'의 등식이 성립했을지도 모른다. 인간의 신체에서 붉은 빛을 지닌 것은 입술뿐이다.

그래서 입술을 붉게 칠하는 화장의 역사의 흔적은 5,000년 전의 수메르인들에게도 남아 있다. 이집트의 클레오파트라도 개미와 딱정벌레 가루로 만든 화장품으로 입술을 붉게 칠했다고 하고 16세기 영국의 엘리자베스 1세는 일본의 가부끼 배우처럼 분을 덕지덕지 바른 하얀 얼굴에 꽃잎의 색소에 밀랍을 섞어 만든 연지로 입술을 섬뜩할 정도로 새빨갛게 칠했다. '나는 영국과 결혼했다' 라는 말로도 유명한 그 처녀왕은 말을 하거나 웃을 때마다 허연 분가루가 먼지처럼 자욱하게 날렸다고 하지만 상류사회의 부인들 사이에 본격적으로 입술 화장의 유행을 가져왔다고 한다.

우리나라에서의 입술 화장의 역사도 길다. 애초의 붉은 칠 화장은 잡귀를 쫓는 벽사辟邪의 의미가 없지 않았지만 1,500년 전의 고구려 벽화에도 입술을 붉게 칠한 여인들이 등장하고 조선시대 기생들 사이에서는 잇꽃(홍화, 紅花) 추출물이나 도자기의 붉은 색을 내는 데 쓰이는 안료인 진사辰沙를 입술에 발랐으니 그들은 몰랐겠지만 수은이나 납 중독의 병증으로 시름시름 앓았을지도 모른다. 기방을 자주 찾는 남정네들도 예외가 아니었을 것이다. 립스틱의 삼분의 일은 여자가 먹고 또 삼분의 일은 휴지가 먹고 나머지 삼분의 일은 남자가 먹는다는 우스갯소리도 있지 않은가?

19세기 후반 프랑스에서 오늘날의 립스틱의 성분과 가깝게 만들어진 튜브 형 용기에 든 제품의 이름이 '느 므블리에 빠 Nem' oubliez pas', '나를 잊지 마세요' 라는 의미였다고 하니 립스틱의 유혹적 감성을 딱 맞아 떨어지게 구현했다 할 것이다.

1915년 미국의 한 발명가가 금속성의 원통 속에 막대(stick, 스틱)를 넣어 만들어 그것은 비로소 립스틱lipstick이라는 이름을 갖게 되었다. 1920년대에는 우리나라에도 들어와 처음에는 '구찌베니口紅' 이라는 일본 말로 불리다가 '붉은' 이라는 뜻인 rouge가 영어식 발음으로는 '루지' 가 되어야 하고 불어 발음으로는 '루주' 가 되어야 하건만 막무가내로 '루즈' 라고 불리어지다가 최근에 와서야 립스틱이라는 이름으로 정착되었다.

영화 〈광복절 특사〉에서 송윤아가 불러 널리 알려진 강애리자의 노래 〈분홍 립스틱〉을 들어보자.

'그대를 처음 만난 날 남몰래 그려보던 분홍 립스틱/ ....../ 눈물방울이 그 위를 적시며 분홍의 립스틱을 지워요.'

그렇게 립스틱은 눈부시게 사랑이 시작되던 날 수줍게 발라보기도 하고 흘러내리는 이별의 눈물에 속절없이 지워지기도 하는 것이다.

두 여자

얼마 전 명동예술극장에서 연극 〈라오지앙후 최막심〉을 봤다. 니코스 카잔차키스의 소설 『그리스인 조르바』를 번안해서 각색한 음악극 형식의 연극이었다. 원작 소설 속의 조르바와 라오지앙후(중국어로 '떠돌이' 또는 '자유인' 이라는 뜻이란다) 최막심, 고민하는 나약한 지식인 '나' 와 사회주의자 김이문, 지중해의 아름다운 섬 크레타와 러시아 땅 연해주의 조선인 마을, 그리스와 터키 사이의 분쟁 속에서 경계인으로 살아가던 크레타 섬 사람들과 일제의 박해를 피해 조국을 떠나 이역만리 연해주(블라디보스토크)에서 아편을 재배하며 살아가는 조선인들, 조르바가 신주단지처럼 모시고 다니던 산투리(현악기의 일종)와 최막심의 손풍금 등을 대비시키며 보는 재미 때문이었을까, 인터미션(중간 휴식 시간)을 빼고도 160분이라는 러닝타임이 전혀 지루하지 않았다.

그러나 '두 여자' 라는 제목으로 이 글을 쓰게 된 것은 거의 30년 만에 명동거리를 걸어본 소회 때문도, 그 연극을 보기 위해 서울 행行을 하게 한 주연배우와의 인연 때문도 물론 아니었고, 무대미술과 연출, 그리고 배우들의 탄탄한 연기와 같은 연극적 미덕들 때문도 아니었다. 그것은 아코디언이나 우쿨렐레, 하모니카 등으로 연주되거나 배우들이 구음口音으로 들려주던 일제강점기(3, 40년대)의 우리 대중가요들이 어두운 객석에 앉은 내게 남긴 애달프고 도저到底한 울림 때문이었다.

그 시대에 태어나지도 않아 그 노래들을 소비할 수도 없었을 뿐더러 무엇보다 서양 음악 듣기에 길들여져 어줍잖게 스스로 고급 취향으로 자부해 오던 내게 그것들은 먼 딴 세상의 노래들이었다. 그 노래들에 대한 최초의 관심은 삼십대의 어느 날 찾아왔었다. 우연히 듣게 된 구전가요 때문이었다.

'떴다 보아라 안창남의 비행기/ 내려다보아라 엄복동의 자전거/ 간다 못 간다 얼마나 울었나/ 정거장 마당이 한강수 되었네'

아시다시피 안창남은 일제 강점기 우리나라 최초의 비행기 조종사였고 엄복동은 우리나라는 물론이고 일본에서도 우승을 도맡아 하던 자전거 선수였다. 일본 순사가 지나가면 그 등 뒤에다 대고 일부러 크게 불렀다는 그 노래의 앞뒤가 맞지 않는 것은 억눌린 조선 백성의 영웅이었던 두 남자의 노래를 부르다가 순사가 돌아보면 능청스럽게 이별 노래로 바꿔 불렀으리라는 내 나름의 짐작까지 해 보았었다. 아무튼 그렇게 그 시절의 노래들과, 그 노래들을 부르며 애환을 달래야만 했던 그 시절 사람들에 대한 애틋한 그리움과 존경심을 갖게 되었던 것 같다.

〈라오지앙후 최막심〉의 무대는 〈진주라 천리길〉을 개사改辭한 〈연해주 천리길〉, 박향림의 〈오빠는 풍각쟁이〉와 〈코스모스 탄식〉, 이난영의 〈울어라 문풍지〉, 최승희의 〈이태리 정원〉, 이화자의 〈화류춘몽〉 등으로 수놓아졌다. 손풍금이나 우쿨렐레의 반주에 맞춰, 또는 구음으로 불리어진 그 노래들은 웅숭깊은 애수哀愁로 무대와 객석을 물들였다.

'울어라 문풍지야 너나 실컷 울어라/ 너마저 안 운다면 내 속을 누가 푸니/ 울어라 울어다오 너나 실컷 울어다오'.

이난영의 〈울어라 문풍지〉이다. 알아주는 이 하나 없이 울고 싶어도 울지 못하는 심사가 문풍지를 울리는 겨울밤 바람소리처럼 서글프지 않은가? 이화자의 〈화류춘몽〉에서는 옷고름 씹으며 지나온 세월이 사무친다.

'꽃다운 이팔청춘 웃기도 하였드란다/ 철없는 첫사랑에 울기도 하였드란다/ ……/ 청춘이 바서져간 낙화 신세'.

신여성 최승희의 서양 물이 든 〈이태리 정원〉을 들어보자.

'맑은 하날에 새가 울면 사랑의 노래 부르면서/ 산 넘고 물을

건너 이태리 정원 어서 와 주서요'

'하늘' 을 '하날' 로, '주세요' 가 아니라 '주서요' 라고 읊조리는 정서는 잊히어서는 안 될 것들을 우리 모두가 잊어버렸다는 탄식처럼 들린다.

그 노래들을 불렀던 두 여자의 전설 같은 삶을 들여다보자. 1930년대의 이야기다. 〈눈물 젖은 두만강〉으로 유명했던 가수 김정구의 형 김용환이 인천 부평의 한 막걸리 집에 노래를 기막히게 부르는 기생이 있다는 소문을 듣고 찾아간다. 열세 살에 이른바 '니나노 집' 에 들어가 밑바닥 인생을 살던 이화자는 그렇게 등장해 〈목단강 편지〉, 〈가거라 초립동〉, 〈화류춘몽〉을 부르며 최고의 가수가 된다. 웃지도 않고 말도 하지 않고 요즘 말로 하자면 시크한 매력을 지녔던 이화자는 돈과 명성을 얻지만 아편과 숱한 남자들을 전전하며 문란한 생활을 하다 서른네 살이라는 젊은 나이로 요절한다. 샹송의 전설 에디뜨 피아프와 판박이의 삶을 살았건만 암울한 시대에 이 땅에서 태어난 죄였을까, 우리 모두는 까맣게 그녀를 잊었다.

1930년대. '동양의 이사도라 덩컨' 으로 불리던 최승희는 이미 세계적인 무용가였고 식민지 시대를 살던 우리 민중에게는 희망의 다른 이름이었다. 1946년 사회주의자였던 안막을 사랑해 그를 따라 월북해 김일성의 총애를 받는 듯했지만 곧 안막과 함께 숙청을 당해 사상범 수용소에서 쓸쓸히 죽어갔다. 한

때는 월북 무용가로, 지금은 친일 무용가로 비난받고 있지만 사상과 이념 따위와는 전혀 관계없이 그녀는 불꽃처럼 바람처럼 살다간 춤꾼일 뿐 아니던가?

질곡의 시대를 온몸으로 살아내었던 그녀들의 넋은 흘러가고 그녀들의 노래는 남았다. 무정하게 잊혀진 채로.

그대, 봄에 온 가인佳人

'복사꽃 피고 뱀이 눈 뜨고 초록 제비 묻혀오는 하늬바람 불고/ ……/ 가시내야, 슬픈 일 좀 있어야겠다.'

젊은 날의 봄은 늘 그렇게 서쪽에서 불어오는 바람 속에 어지러웠다. 뿌연 황사 속에 속절없이 떠돌던 발길마다 봄은 가난처럼 아렸다.

어느 낯선 마을의 남루한 골목길에도 한두 그루의 목련쯤은 서 있어서 담장 위로 그 희멀건한 속살을 피워 올리고 있었다. 하얀 눈물 같은, 또는 핏빛 한숨 같은 그 꽃그늘에 주저앉노라면 먼 집과 떠나온 계집아이가 노란 현기증처럼 밀려오곤 했었다. '오 내 사랑 목련화야, 희고 순결한 그대 모습 봄에 온 가인佳人과 같고' 의 노랫말처럼 그 시절의 목련은 내게 피기도 전에 벌써 질 것을 근심하게 하는 봄날의 가인佳人(아름다운 여인)이거나, '목련꽃 그늘 아래서/ 베르테르의 편질 읽노라/ ……/ 아 멀리 떠나와 이름 없는 항구에서 배를 타노라' 의 노랫말처럼 이룰 수 없는 사랑 로테에게 남기고 온 애틋한 편지 같은 것이었다.

사월이면 그렇게 목련은 가인佳人처럼 와서 우리를 설레게 하고 가인佳人처럼 떠나며 한숨짓게 한다. 나뭇가지 위에 앉은 연꽃이라 해서 불가佛家에서 목련木蓮이라고 부르기 시작한 그 꽃은 범접할 수 없는 하얀 빛깔과 고즈넉한 품새로 봄날의 우아하고 고결한 주인공이다.

'모란이 피기까지는/ 나는 아직 나의 봄을 기다리고 있을테요.' 라는 김영랑의 시나, '모란은 벌써 지고 없는데/ 먼 산에 뻐꾸기 울면/ 상냥한 얼굴 모란 아가씨/ 꿈속에 찾아오네.' 라는 『유자 약전略傳』의 소설가 이제하의 노래에서 모란은 목련을 착각한 것이라는 혐의를 지우기 어렵다. 이름이 비슷할 뿐인 모란은 봄의 끄트머리나 여름 들머리에 피는 꽃이기 때문이다.

어느 남쪽나라의 어여쁜 공주가 북쪽 바다의 험상궂은 신을 사랑해 연모의 정을 못 이겨 바다에 빠져 죽은 데서 하얀 목련이 피어났고, 그 신의 마누라까지 바다에 몸을 던져 그곳에서는 자목련이 피어났다는 전설 탓인지 목련은 하나같이 북쪽을 향해 꽃 머리를 내밀고 피어난다. 멀리 있는 임금에게 절할 때

북쪽을 향하듯이 목련은 임금에 대한 충절을 상징하기도 한다.

목련은 아득하고 수줍은 아름다움이다. 어떤 시인은 빨랫줄에 걸려 있는 사춘기 딸내미의 브라자를 보며 읊고 있다.

'목련꽃 예쁘대도 시방 우리 선혜 앞가슴에 벙그는 목련 송이만 할까?'

사춘기思春期를 풀어서 읽으면 '봄을 생각하는' 시절이다. 사춘思春, 그렇다 목련은 아득하게 설레는 인생의 어느 한때를 생각하게 하는 꽃이다.

푸르고 아름다운 어느 날의 산길에서 산목련을 만난 적이 있는가? 눈처럼 하얀 꽃잎들 속으로 빨간 수술을 수줍은 듯 드러내고 있는, 함박꽃이라고도 불리는 산목련을 운 좋게 만난 적이 있는가? 볼 가득 싱그러운 봄기운을 머금고 있다가 '풋' 하고 수줍게 내뱉는 처녀 웃음 같은 그 꽃은 함박눈, 함박웃음이 말해 주듯 함지박처럼 오목하게 피어나 산길을 걷는 이들에게 기적과도 같은 행복을 선사한다. 오죽하면 산길을 걷던 북쪽의 김일성이 산목련을 보고는 여태껏 국화였던 진달래를 대번에 팽개쳐 버리고는 그 꽃을 북한의 나라꽃으로 삼아 버렸을까?

목련은 그 꽃 모양이 귀하고 기품이 있어 나무에 피는 난이라 하여 목란木蘭이라 불리기도 한다. 월트 디즈니의 만화 영화 '뮬란'은 목란의 중국어 발음이다. 남북조 시대에 작자 미상으로 전해오는 '목란사木蘭辭'가 그 연원淵源이다. 심청이처럼 가난한 집안의 효녀였던 뮬란은 늙고 다리를 다친 아버지 대신에 남장男裝을 하고 전쟁터에 나간다. 목련처럼 예뻤지만 무술도 뛰어났던 그녀가 많은 공을 세우고 고향으로 돌아올 때까지 아무도 그녀가 여자인 걸 알지 못했다. '12년을 함께 했지만 아무도 뮬란이 여자인 걸 몰랐다네[同行十二年 不知木蘭是女郞]' 라는 구절이 전해오는 것처럼.

봄꽃들 천지인 내 뜰에 여태껏 목련 한 그루 들이지 않은 것은 그리움을 그냥 그리움으로 남겨두고 싶은 탓일지도 모른다. 한영애가 노래하지 않던가?

'목련, 목련꽃을 나는 못 보았네/ 언젠가 사월이면/ 핀다는 얘기만 들었지'

모든 아름다운 꽃들은 참혹하게 진다. 저기 저 앞집 담장 위로 피어올라 하얗게 떠 있는 저 목련도 며칠이면 질 것이다. 양희은의 노래처럼 '봄비 오는 거리마다 슬픈 그대 뒷모습' 으로 그렇게 져갈 것이다.

목련이여! 그대, 봄에 온 가인佳人이여! 슬프도록 아름답게, 아름답도록 슬프게 지거라.

꽃잎

'꽃밭에 앉아서 꽃잎을 보네/ 고운 빛은 어디에서 왔을까'

정훈희의 〈꽃밭에서〉의 꽃잎에서는 첫사랑의 설렘이 시냇물 소리로 속삭이고 전영의 〈어디쯤 가고 있을까〉의 '꽃잎은 바람결에 떨어져/ 강물을 따라 흘러가는데' 에서는 이별의 쓸쓸함이 강물이 되어 흐른다. 꽃잎은 그렇게 피어나거나 흩날리면서 우리 감성의 연한 구석들을 알록달록 물들인다. 그러나 우리에게는 마냥 그렇게 아른아른 물들 수만은 없는 오월의 꽃잎이 있다.

장선우 감독의 1996년 작 영화 〈꽃잎〉은 거의 최초로 광주의 비극을 다룬 극영화였다. 80년 그 봄날의 비극 한가운데 내동댕이쳐졌던 한 소녀를 따라가며 카메라는 우리 아픈 역사의 속살을 보일 듯 말 듯 내비친다. 한때 마이크를 새끼손가락에 붙이고 부채춤을 추며 '설마 했던 니가 나를 잊어버렸나'를 노래하던 이정현은 그 이전에 이미 탁월한 배우였다. 국가라는 이름으로 행해진 폭력이 한 소녀의 삶을 어떻게 송두리째 파괴해버렸나를 그녀는 온몸으로 보여주었다. 계엄군의 총칼 아래 어머니와 오빠를 잃은 그 소녀가 미쳐서 부르던 노래가 김추자의 〈꽃잎〉이었다.

'꽃잎이 피고 또 질 때면/ 그 날이 또다시 생각나 못 견디겠네/ ……/ 그대 왜 날 찾지 않고 그대 왜 가버렸나/ 꽃잎 보며 생각하네 왜 그렇게 헤어졌나/ 꽃잎이 피고 또 질 때면/ 그 날이 또다시 생각나 못 견디겠네.'

감각적인 음악을 추구하던 신중현이 만든, 그냥 표피적表皮的일 뿐인 이 이별 노래가 어떻게 그 아픈 영화의 제목이 되고 주제곡이 되었을까? 그리고 김추자는 또 누구였던가?

김추자. 지금은 작고한 어떤 음악평론가가 '그녀 이전에도 가수가 없었고 그녀 이후에도 가수가 없었다'라고 탄식하게 했던 여자. '담배는 청자, 노래는 추자'라는 말을 만들어냈던 여자. 혼을 빼놓는 음색과 폭발적인 춤으로 '다이너마이트'로 불리었던 여자. 둔부를 꽉 죈 나팔바지와 금방이라도 터져 버릴 것 같은 블라우스 위로 유두를 도드라지게 한 채로(그 엄혹하던 70년대에 노 브래지어로 무대에 오른다는 것을 누가 상상이나 했겠는가?) 무대를 지배하며 한 시대의 전위前位이자 도발이 되었던 여자. 무엇보다 내 개인사적個人史的으로 김추자, 그녀는 대한극장(충무로였던가?)에서 열리는 그녀의 리사이틀을 보겠다고 까까머리 시골 고등학생이 사복을 입고 아침 상경 열차를 타게 했던 여자였다.

그녀의 등장은 사건이 아니라 하나의 사변事變이었다. 우리가 그녀에게 열광했던 것은 임금과 양반들이 지배하던 봉건시대와 일제 강점기를 거쳐 이어진 개발 독재 시대에 억눌렸던 감성이 돌파구를 찾아 분출한 때문이 아니었을까? 그 노래에 숨어 있던 감성이 광주의 비극과 만나 그지없이 아픈 노래로 다시 태어난 것은 아닐까?

'봄볕 내리는 날 뜨거운 바람 부는 날/ 붉은 꽃잎 져 흩어지고 꽃향기 머무는 날/ 묘비 없는 주검에 커다란 이름 드리오/ 여기 죽지 않은 목숨에 이 노래 드리오'

노래를 찾는 사람들(노찾사)의 〈오월의 노래〉이다. 한때 이 아름다운 노래의 가사와 곡조가 너무 감상적이라는 이유로 일부 운동권으로부터 배척당한 적이 있었다고 한다. 감상은 혁명의 적이라는 것이다. 그러나 냉철한 이성이 지배하던 역사는 폭력과 야만의 역사가 되기 일쑤였다.

5·18 기념식에서 불러야 하느냐 말아야 하느냐, 제창으로 불러야 하느냐, 합창으로 불러야 하느냐로 어처구니없는 분란

을 일으켰던 노래 〈임을 위한 행진곡〉은 광주항쟁 시 시민군 대변인으로 도청에서 숨진 윤상원과 노동현장에서 야학을 하다 사망한 박기순의 영혼 결혼식에서의 노래굿으로 사람들에게 알려지게 되었다. 두 서글픈 넋을 이어주는 영혼 결혼식이란 얼마나 따뜻한 감성인가? 누가, 왜 이 노래를 두려워하는가?

냉철한 이성만으로 서로 부딪쳐 깨어지지 말고 따뜻한 감성으로 서로 보듬으면서 상처를 아물게 하자고 〈꽃잎〉은 말해 주고 있다. 오월의 노래들은 말해 주고 있다. 다시는 이 땅에서 그런 비극의 역사가 되풀이되어서는 안 된다고, 오월, 그 뜨거운 바람 불던 봄날의 희생과 아픔이 거름이 되어 꽃잎으로 피어난 민주주의여 영원하라고 그 노래들은 아프게 말해 주고 있다.

오월이 간다. 꽃잎이 진다.

'꽃잎이 피고 또 질 때면 그날이 또다시 생각나 못 견디겠네'

그 노래를 들으며 꽃잎을 생각한다. 오월을 생각한다.

2부 손톱 끝에 봉숭아 지기 전에

장마
섬
초록에 관한 질문들
다시 열일곱 살이 된다면
그대 안의 블루
미인도
나는 네가 지난여름에 한 일을 알고 있다
달밭골 가는 길
모기 이야기
손톱 끝에 봉숭아 지기 전에
옷 벗는 사람들
빨강의 기억
무섬, 물과 모래의 시간
늦여름 산사山寺
섬으로부터의 편지

장마

'내 기억으로는 오랫동안 비가 내리고 있었어/ 신비의 구름이 땅 위에 혼돈을 퍼붓고 있었지Long as I remember the rain' s been comin' down. Clouds of mystery pouring confusion on the ground/ 오랜 세월 사람들은 해를 보려 했지만/ 누가 저 비를 멈추게 할 것인가/ 누가 저 비를 멈추게 할 것인가'

칠십 년대의 미국의 록밴드 CCR의 노래 〈누가 저 비를 멈추게 할 것인가Who' ll Stop the Rain〉이다. 목마른 7월의 대지를 직시며 내리던 비가 오락가락 마당가를 종내 떠나지 않고 집안 공기와 마음까지 눅눅해지고 텃밭 오이 꼬댕이가 밭고랑에 괸 물에 잠겨 녹아가고 툇마루에 앉아 하늘 가득 쏟아지는 빗줄기를 시름겹게 바라볼 때쯤, 달력의 24절기에도 나와 있지 않은 그 계절을 우리는 장마라고 부른다.

투닥투닥 지붕을 때리는 빗소리를 들으며 목을 길게 빼고 빗줄기 사이로 앞산 허리에 흐드러진 비안개를 내다보고 있다. 지금 먼 도회의 거리에는 알록달록 색색의 우산들이 떠다니고 있을 것이고 숲에서는 우울한 산새들이 비에 젖은 깃을 털고 있을 것이다. 새마을 모자를 쓴 농부가 삽을 들고 논물을 보러 집을 나서고 있을 것이고 집안 어느 구석에서는 곰팡이가 꽃처럼 불온하게 피어나고 있을 것이다. 앞내에서는 피라미며 버들치들이 불어난 물살을 가르며 헤엄쳐 오르고 있을 것이고 노인들은 하릴없이 욱신거리는 무릎 관절을 만져보며 노릇한 배추전에 막걸리 한잔의 날궂이를 꿈꾸고 있을지도 모른다.

장마는 '길 장長'과 물을 뜻하는 고유어 '맣'이 합해진 말이다. 그래서 '오란비(오래 오는 비)'라고도 한다. 한자의 '임우霖雨'란 숲처럼 빽빽이 내리는 비라는 뜻일 터이고 매실이 익어 떨어질 때쯤 오는 비라 하여 '매우梅雨'로 부르기도 한다. 뜨거운 태양의 여름은 타오르는 불의 계절이지만 그 가운데의 한 시절, 장마는 출렁이는 물의 계절이다. 열정과 욕망이 불의 감정이라면 슬픔과 그리움은 물의 감정일 것이다. '오늘처럼 비가 내리면/ 창문 너머 어렴풋이 옛 생각이 나겠지요'라는 김창완의 노래처럼 그리움의 바이러스는 빗속에 곰팡이처럼 푸르게 피어나 까마득 잊었던 장마의 기억 속으로도 돌아가게 한다.

오십년 전쯤, 영주를 휩쓴 물난리에 집을 잃은 우리 식구는 마을 뒤 언덕배기에 있던 작은 집을 빌려 살게 되었다. 어른들과 형들은 물이 빠진 옛집 터에 다시 집을 짓느라 나가 있고 언덕 위 외딴집에 혼자 남아 그 해 장마철을 보냈다.

오락가락하는 빗속에 미꾸라지들이 마당에 떨어지기도 했는데 그 미꾸라지들이 비를 타고 하늘로 올라갔다가 비바람에 휩쓸려 우리 마당까지 와서 떨어져 내린 걸까, 빗물이 만든 길을 따라 이 먼 언덕까지 기어 올라온 것일까를 고민하며 툇마루에 앉아 있기도 했고 어느 날은 윤흥길의 소설 『장마』에서처럼 지겟작대기만한 구렁이가 고샅길을 기어가기도 했다. 유달리도 지루하고 길었던 그 해 장마철 삽짝문 밖에는 노란 애기똥풀꽃들이 흐드러지게 피어 비를 맞고 있었다.

이십대의 어느 한 시절, 멀리 섬진강 둑의 미루나무들이 빗속으로 희미하게 보이던 강가 마을, 은실이라는 이름의 꼬마 아이가 있던 집에서 장마철을 보낸 적이 있었다. 캄캄하게 누워 지붕을 두드리는 빗소리를 들으며 까무룩 삼이 들었다가 아침에 깨어나 방문을 열면 마주보이는 외양간의 어린 송아지가 눈을 껌뻑이며 줄기차게 내리는 빗줄기를 보고 있었다. 무슨 대단한 도모 같은 걸 한다는 게 속절없던 시절이었고 청춘의 좌절 같은 게 있었던 듯도 하지만 그 나른했던 빗속의 며칠을 생각하면 딱 한 번 빗속을 걸어 그 동네 가겟집 바람벽의 빨간 우체통에 넣었던 빗물로 얼룩진 편지와 함께 그 송아지의 껌벅이던 눈망울이 떠오른다.

세월은 또 흘러 어느 도시의 한갓진 변두리에서 그림을 작파하고 닭을 키우던 친구의 비닐하우스였다. 엘피판의 바늘 긁히는 소리에다 비닐하우스 지붕을 두드리는 빗소리를 섞어서 세상의 거의 모든 노래들을 들으며 술을 마셨다. 술판의 한가운데를 누비며 한 여자 후배는 밤새도록 흐느적거리며 춤을 추었고, 몇 년 뒤 스스로 세상과 작별할 한 친구는 '인생은 연기 같은 것' 이라고 말하듯 연신 파이프를 채우고 있었고, 또 한 친구는 상처받은 목소리로 제니스 조플린의 〈피스 오브 마이 하트〉를 따라 불렀다. 이따금 비닐하우스 밖으로 목을 빼내어 캄캄한 바깥을 내다보면 영원히 그치지 않을 것처럼 비가 내리고 있었다.

어차피 기억이란 빗물이 흘러내려 얼룩지는 유리창처럼 세월에 의해 흐려지기도 하고 뒤섞이기도 하는 것. 장맛비가 내리는 아침이면 그 모든 흐린 것들의 안부가 궁금해 이렇게 읊기도 한다.

은실이네 외양간
잠 덜 깬 송아지의 부스스한 아침 위로

비는 잘 내리고 있는지
동구 밖 가겟집 바람벽
빨간 우체통을 덮고 있던 함석지붕 위로도
첫차가 떠나고 있을 미루나무 신작로길
아스라이 멀어지던 지우산 위로도
타닥타닥, 하낫 둘 하낫 둘
비가 잘 내리고 있는지
서글픈 유행가 음표같이 전깃줄에 앉은
꾸룩꾸룩 산비둘기 그 소리 사이로
추적주적 빗소리가 은근슬쩍 끼어들기도 하면서
그 중 유정한 빗방울 하나가
언덕배기 집 삽짝에 지천으로 피어 있을
애기똥풀 꽃잎 위로 톡 떨어지며
'좋지?' 하고 물으면
애기똥풀 고 꽃 이파리가 '어머, 좋아요' 하고
노랗게 고개를 까닥이기도 하면서
그렇게 두루두루 사이좋게
비가 잘 내리고 있는지
그리고, 혹시
그대 마른 가슴을 가로질러 누군가
젖은 신발을 끌며 지나가고 있지나 않은지

그 추레한 뒷모습을 지우며

마침표 같이, 말없음표와도 같이

그렇게 비는 잘 내리고 있는지

섬

'사람들 사이에 섬이 있다/ 그 섬에 가고 싶다(정현종의 시 「섬」 全文)'

섬이라는 말을 처음 접한 것은 아마도 〈섬 집 아기〉라는 동요를 통해서였을 것이다. '엄마가 섬 그늘에 굴 따러 가면/ 아기가 혼자 남아 집을 보다가/ 바다가 불러주는 자장노래에/ 팔 베고 스르르 잠이 듭니다.' 섬 그늘에서 굴을 따는 젊은 엄마와 파도소리를 들으며 혼자 잠드는 아기. 섬은 그렇게 절대 평화와 절대 고독이 공존하는 그런 느낌의 공간으로 내게 다가왔었다.

초등학교 고학년 때쯤이던가? 라디오가 없어 유선으로 방송을 듣던 시절, 저녁이 되면 우리집 들마루로 동네 사람들이 두세두세 모여들곤 했었다. 유선 스피커에서 흘러나오는 연속 방송극 '섬마을 선생' 을 듣기 위해서였다.

'해당화 피고 지는 섬 마을에/ 철새 따라 찾아온 총각 선생님 / 열아홉 살 섬 색시가 순정을 바쳐 사랑한 그 이름은 총각 선생님/ 서울엘랑 가지를 마오/ 가지를 마오'

이미자의 구성진 주제가로 시작되던 그 라디오 연속극의 줄거리는 까마득하게 잊어버렸지만 색깔과 모양새조차 짐작할 수 없던 해당화와 열아홉 순정의 섬 색시가 있는 그곳은 내게 너무 아득하고 멀어서 그리운 곳이었다.

요즘 우리 독서시장에서 '그리스 인 조르바 읽기' 열풍이 불고 있다지만 나는 스무 살 무렵 어느 문학 잡지에 처음 소개된 니코스 카잔차키스의 그 소설(그때는 「희랍인希臘人 조르바」라는 제목이었다)에 매료돼 자유롭게 떠도는 삶을 꿈꾸었었다. 닻을 내리고 정박하는 삶이 아니라 어느 외딴섬의 해변에서 폐선廢船이 되어 부서지는 한이 있더라도 조르바처럼 바람 속에 돛을 올려 망망대해를 자유롭게 떠도는 삶을 그리워했었다. 그리고 지중해의 그 섬 크레타에 가보는 것은 아직도 유효한 내 꿈이다.

'아! 수많은 꽃 핀 섬들이 넓은 고뇌의 바다에 누워 있구나' 라는 셸리의 시처럼 섬은 단절과 폐쇄의 외로운 공간이기도 하다. 알베르 까뮈가 스무 살에 읽고 평생을 손에서 놓지 못했다고 고백한 장 그르니에(그 둘은 사제지간이기도 하다)의 「섬Les

Iles』은 우리 삶의 비어 있음과 태생적인 외로움으로 점철된 아름다운 에세이집이다.

그러나 단절과 고립이라는 섬의 특성은 어두운 이미지를 낳기도 한다. 영화 〈빠삐용〉에서의 '악마의 섬Devil's Island'은 필사적인 탈출의 대상일 뿐이고 〈몽테크리스토 백작〉의 이프 섬은 에드몽 단테스에게는 어둠 속에서 복수를 꿈꾸는 절망의 공간이다. 가장 괴기하고도 끔찍한 사랑과 욕망의 속살을 들여다보려면 김기덕 감독의 영화 〈섬〉을 보면 되고 〈극락도 살인사건〉이나 〈김복남 살인사건의 전말〉 같은 영화들에서는 닫힌 공간에서의 막막한 공포와 만나게 된다.

그러나 섬의 그 모든 어두운 이미지는 깡그리 잊어도 좋다. 우리나라(남한)에 있는 3,200여 개의 섬들(유인도는 470개라고 한다)은 저마다의 아름다움과 호젓함을 지닌 채로 바다 위에 꽃처럼 떠 있다. 그리고 그 아름답고 외로운 감성으로 빚어진 섬사람들이 거기 살고 있다.

스무 살 시절 『그리스 인 조르바』를 읽고 무작정 떠났던 울릉도의 성인봉으로 가는 길 들머리 어디쯤인가 있던 그녀의 집 고샅길에 얌전하게 앉아 오줌을 누다가 인기척을 느끼고는 훌러덩 치마를 올려 얼굴을 가리느라 뿌연 엉덩이를 보이고 말던 소녀, 표지가 나달나달해진 유진 오닐의 『밤으로의 긴 여로旅路』를 늘 옆구리에 끼고 다니던 그녀는 꿈꾸던 대로 섬을 떠나

뭍으로 나와 살고 있을까?

선유도와 무녀도를 잇는 연육교連陸橋 초입에서 포장마차를 하던 자그마한 몸집의 여자는 먼 바다의 섬들에 눈길을 주며 망연히 앉아 있는 내게 노래하듯 말했었다.

"오메, 그 짝만 보고 있지 마쇼잉. 겁나게 외로와 보여분당게."

섬에서는 그렇게 남의 외로움도 어느 결에 와락 제 외로움이 되기도 한다.

위도의 일주도로를 걷다가 갯바위로 내려가 배낭에서 소주를 꺼내며 물질하던 여자들에게 안주 팔기를 청하는 내게 갓 따온 전복들을 넉넉히 내놓으며 한 잠녀潛女는 시처럼 읊조렸었다.

"진달래꽃 냄시 맡으러 요즘은 요놈들이 갯바우로 허벌나게 올러오지라잉."

그녀의 그 한 편 옹골진 시 한 자락에 바다도 나도 출렁였다.

흑산도 일주 버스를 운전하던 기사는 한 시간 내내 나를 미소 짓게 했다.

"쩌그 저 산봉우리 보이지라. 면소(면사무소)에서는 쩌것이 금강산 봉우리 닮았다고 말허라고 허는디 나는 찔려서 못 허것소. 혹시 묻거들랑 내가 그리 이야그허더라고 말해 주소. 흑산도는 치다보는 섬이 아니라 내리다봐야 하는 섬잉게."

"세상 시름? 그게 먼 대순교? 쏘주 한 잔 요래 칵 털어너뿌마 암껏도 아인기라예."

끝도 없이 나와 대작을 하며 말하던 남해의 사량도 선착장 근처 횟집 젊은 주인 여자는 그 섬에서 여자로 환생한 조르바 같았다.

그저께 서해의 먼 섬에서 혼자 소주를 마시다가 그가 떠났다는 전화를 받았다. 같은 분량의 애愛와 증憎으로 내게 남게 될 오랜 친구였다. 땡그렁 땡그렁 멀고 어두운 바다 끝에서 조종弔鐘이 들려오는 듯 했다. 헤밍웨이는 그의 소설 『누구를 위해 종은 울리나For Whom the Bell Tolls?』의 머릿글에서 존 버넌의 시를 인용해 말했다.

'우리는 서로 떨어져 있는 섬들이 아니라 대륙의 일부이다. 그러므로 누구를 위해 저 조종弔鐘이 울리는지 묻지 마라. 바로 그대 자신을 위해 울리는 것이므로.'

그러나…… 우리 모두는 외로운 섬일 뿐이다. 그리고 우리는……. 그 섬에 가고 싶다.

초록에 관한 질문들

연초록의 잎들이 어느덧 초록으로 바뀌고 산그늘도 깊은 녹음으로 짙어졌다. 세상이 온통 초록이다. 녹음은 우리가 그 속으로 걸어 들어가지 않아도 제가 스스로 다가와 우리를 물들인다. 이 여름의 초록이 청량함이지만 때로는 현기증이고 권태이기도 한 것은 파랑과 노랑이 섞여서 만들어진 색깔이기 때문일까?

어릴 적 우리는 노래했었다.

'우리들 마음에 빛이 있다면 여름엔 여름엔 파랄 거예요/ 산도들도 나무도 파란 잎으로 파랗게 파랗게 덮인 속에서/ 파란 하늘 보며 자라니까요'

물론 여기서의 파랑은 녹색이다. 그 어릴 적 그 새싹의 푸른

빛을 우리는 어느 지점에서 잃어버렸을까?

지금은 벌써 옛날 얘기가 되어버렸지만 4H의 녹색도 새마을 모자의 녹색도 희망을 상징했다. 그걸 개발 독재의 한 방편이었을 뿐이라고 비하하지 마라. 그런 소박한 희망에 기대 살던 시절이 좋았다. 그들에게 묻는다. 그 시절 우리에게 허락된 희망이 그것 말고 무엇이 있었단 말인가?

녹색은 가시광선의 중간 파장을 갖고 있다. 그래서 눈을 편하게 한다. 그래서 세상살이 어느 갈피에서 길을 잃었을 때 우리는 먼산을 본다. 세상에는 완벽하게 아귀가 맞는 현실이란 존재하지 않는다. 중학교 1학년 교실에 걸려 있던 칠판은 눈을 편하게 해주는 녹색이었지만 우리는 영어 선생 발음을 따라 아무런 거리낌도 없이 '블랙보오드blackboard'라고 뇌지 않았던가?

녹색은 안정을 주는 색이다. 그래서 수술실의 의사들의 가운도 녹색이고 간호사들의 마스크도 녹색이다. 혹시 수술대에 누운 환자에게 주는 안정감 때문이 아니라 피가 묻어도 갈색으로 보이기 때문은 아닐까?

녹색은 생명의 색이고 원시의 색이다. 인류의 고향이라고 하는 아프리카 거의 모든 나라들의 국기는 그래서 녹색이다. 농업을 상징하기도 하는 그들의 녹색은 슬프다. 오늘의 엄혹한 글로벌 경제 질서 속에서 농업 부흥으로 그들의 주린 배가 채

워질 날은 언제일까?

존 웨인이 주연한 〈그린 베레Green Berets〉는 베트남 전쟁에 투입된 녹색 베레모를 쓴 미국 육군의 최강 특수부대원들의 이야기다. 그 주제가 끝 부분에 이런 가사가 나온다. '내 아들에게 그린베레를 쓰게 해 주오Have him win the green beret.' 왜 언제나 전쟁을 설계하고 터뜨리는 것은 어른들이고 그 전쟁에 나가 목숨을 잃어야 하는 것은 젊은이들일까?

녹색으로 이루어진 십자十字, 즉 녹십자는 재해의 예방이나 안전을 의미한다. 평화와 박애의 상징이기도 하다. 그런데 왜 군인들의 제복은 녹색이고 공포 영화에서는 녹색 조명을 쓰고 파충류들은 섬뜩한 녹색의 표피를 감고 있을까?

이름도 까다로운 The New Christy Minstrels의 노래 〈Green Green〉은 '아가야, 저 먼 쪽의 잔디가 더 푸르단다. 울지 말고 그리로 가보렴' 이라고 어머니가 아기를 어르는 노래이다. 그 노래를 김도향이 번안해 불렀다. 70년대에 라디오만 틀면 그 노래가 나왔었다.

'바람 부는 날이면 언덕에 올라 넓은 들을 바라보며 그 여인의 마지막 그 말 한마디 생각하며 웃음 짓네'

왜 떠나간 여자가 마지막 남긴 말을 생각하며 한숨도 눈물도 아니고 웃음을 지을까? 우리는 아무렇지도 않게 사리에 맞지 않는 말을 하고 또 그런 말들에 너무 관대한 것은 아닐까?

녹색은 순종을 의미한다. 남북전쟁으로 피폐해진 경제를 살리기 위해 1861년 에이브러험 링컨은 새로운 지폐를 대량으로 찍었다. 그 지폐의 뒷면이 녹색이라는 이유로 사람들은 '그린백greenback'이라고 불렀다. 그린백 달러는 그렇게 세상에 나와 오늘날 세계를 지배하고 있다. 그 녹색의 지배에 숨죽이고 순종해야 하는 날들은 언제까지 계속되는 것일까?

우리나라 사람들이 가장 좋아하는 팝송 중에 〈고향의 푸른 잔디Green Green Grass Of Home〉라는 노래를 들어보자. 한 젊은이가 고향 역에서 기차를 내린다. 고향의 푸른 잔디는 옛 모습 그대로이고 어머니와 아버지가 반갑게 달려나오고 체리 빛깔 입술의 메리도 금발을 찰랑이며 달려나온다. 그러나 달콤한 꿈에서 깨어난 젊은이의 눈에는 네 개의 회색 벽과 교도소 간수와 슬픈 얼굴을 한 신부님의 모습이 보일 뿐이다. 이제 곧 새벽이 오면 신부님의 기도 소리를 뒤로 하고 간수에게 팔을 잡힌 채로 형장으로 끌려 나가게 될 것이다. 이 슬픈 젊은이의 사연이 담긴 노래가 조영남의 〈고향의 푸른 잔디〉에 의해 천연덕스럽게 그저 향수를 자극하는 노래로 바뀌고 만다. 말(노래 가사)이란 어디까지 우리의 정서를 간섭하는 것일까?

자, 마지막 질문. 나는 왜 초록색 소주병이 주는 그 허술한 위로에 기대곤 하는 것일까?

다시 열일곱 살이 된다면

하루가 멀다 하고 매스컴에 오르내리는 안타까운 학교 폭력의 실태들과 가해, 피해 학생들, 그리고 절망으로 내몰려 극단의 선택을 하는 아이들을 보노라면 같은 시대를 살고 있는 어른(생물학적 나이로만 그렇다고 하더라도)으로서 무엇을 할 수 있을지 깊은 자괴감에 빠져들게 된다.

「다시 열일곱 살이 된다면If I were seventeen again.」 미국의 작가 제시 스튜어트가 쓴 그 글을 서른을 훌쩍 넘어 학교에서 영어를 가르칠 때 영어 교과서에서 읽었다. 아이들에게 'If' 를 사용하는 가정법을 설명하기보다는 인생의 가장 아름다운 시절을 어떻게 보내야 할 것인가에 대해 이야기하는 데 더 열을 올렸던 것 같다. 그리고 내가 이 글을 열일곱 살에 읽었다면 내 인생이 얼마나 달라져 있을까를 생각했던 것 같기도 하다.

지금 이 시간에도 밤 깊은 교실에서 졸린 눈을 부비며 야간 자습을 하고 있을 아이들에게, 부모들의 다그침에 못 이겨 이 학원에서 저 학원으로 로봇처럼 옮겨 다니고 있을 아이들에게, 온종일 스마트폰 화면에서 눈을 떼지 못하는 아이들에게, 어두컴컴한 오락실 의자에 앉아 가상 공간의 적들의 심장에 총을 겨누고 있을 아이들에게 이 글을 읽어 주고 싶다.

제시 스튜어트는 그 글에서 다시 열일곱 살이 된다면 한밤중에 개를 데리고 높은 언덕에 올라 별빛과 달빛 아래에서 개 짖는 소리를 듣고 싶다고 말한다. 그렇다. 열일곱 살에는 절대고독과 마주치기도 해야 한다. 정말 중요한 생각들과 우리 삶의 풍요로운 순간들은 홀로 있을 때 찾아오기도 하는 것이다. 한순간의 심심함도 견디지 못해 TV 화면과 오락기 앞을 떠나지 못하고 손가락이 아프도록 문자를 주고받으며 자신이 혼자가 아님을 확인해야 하는 요즘 아이들에게 고독이 우리 삶에 가져다 주는 풍요로움을 가르쳐 주고 싶다.

그는 또, 다시 열일곱 살이 된다면 봄철에는 종일 숲길을 걸을 것이라고 말한다. 새들이 어떻게 둥지를 짓는지, 무슨 색의 어떤 크기의 알을 낳는지, 새끼들은 어떻게 먹이는지를 알고 싶다고 이야기한다. 어떤 동물들끼리 서로 친한지를 알고 싶고 숲속에 자라는 나무와 식물들, 그리고 꽃들의 이름을 배울 것이라고 다짐한다. 세상의 어떤 학교도 자연의 학교만큼 지혜롭지 않다. 돌이켜보면 어린 시절 내게는 자연이 수렵과 채취의 대상이었지만 그래도 자연 속에서 자랐던 나는 운이 좋은 편이었다.

그러나 내가 알고 있던 나무와 꽃들의 이름들은 기껏해야 소나무와 미루나무, 진달래 개나리가 거의 전부였던 건 후회스러운 일이다. '내가 그의 이름을 불러주기 전에는/ 그는 다만/ 하나의 몸짓에 지나지 않았다// 내가 그의 이름을 불러주었을 때/ 그는 나에게로 와서/ 꽃이 되었다' 라고 김춘수도 그의 시 「꽃」에서 읊지 않던가? 십자군 전쟁에서 부상을 입고 돌아온 성聖 발렌타인은 새들과도 이야기를 나누었다고 한다. 우리 아이들이 그런 성자聖者에까지는 못 미치더라도 꽃과 나무와 동물들과 곤충들의 이름을 불러줄 수만 있다면 서로 괴롭히고 괴로워하는 일 같은 건 일어나지 않을 것이다. 무엇보다 자연이 우리에게 줄 수 있는 것이 너그러움과 배려하는 마음이기 때문이다.

그 글은 다시 열일곱 살이 된다면 여름 한철에는 시골에서 보내며 농사일을 배울 거라고 말한다. 씨앗을 심고 거름을 주는 법도 배우고 저녁이면 건초를 실은 수레에 누워 집으로 돌아오고 싶다고 이야기하고 있다. 갓 벤 건초 더미에서 풍기는 풀잎 냄새는 영원히 잊지 못할 향기가 될 거라고 그리워한다.

소년 시절 정직한 땀과 노동의 기쁨을 배운다는 것은 무엇과도 바꿀 수 없는 귀중한 경험일 것이다.

우리는 어린 시절 여름방학이 되면 시골에 있는 외할머니 댁에 가서 감자 캐는 일도 거들고 옥수수도 따고 곤충 채집, 식물 채집에다 시냇물에서 멱도 감고 피라미들도 잡으면서 보냈지만 보충 수업이다 학원이다 하며 방학이면 더 시달리는 요즘 아이들을 보면 안쓰럽다. 시골 외할머니에게 나는 냄새는 찌든 노인의 냄새가 아니라 지혜의 향기이다. 시골의 두엄더미에서 풍기는 냄새는 눈살을 찌푸려야 할 거름 냄새가 아니라 위대한 생명의 향기이다.

부모들이여, 학부모가 되려 하지 말고 그냥 부모가 되시라. 아이들이 공부에 손을 놓는 시간들을 불안해 하지 마시라. 아이들은 부모가 원하는 삶이 아니라 그들이 원하는 삶을 살아야 한다. 『좁은 문』의 작가 앙드레 지드는 말한다. 인생은 청춘과 그것을 추억하는 시간으로 나뉠 뿐이라고. 소년임을 만끽하는 시간들이 그를 행복한 어른으로 성장하게 한다.

'청춘! 이는 듣기만 하여도 가슴이 설레는 말이다. 청춘! 너의 두 손을 가슴에 대고 물방아 같은 심장의 고동 소리를 들어보라. 이성은 투명하되 얼음과 같으며 지혜는 날카로우나 갑 속에 든 칼이다. 청춘의 끓는 피가 아니더면 인간이 얼마나 쓸쓸하랴?

옛날 고등학교 국어 교과서에 나왔던 민태원의 『청춘예찬』이다. 그러나 이 아름다운 글은 청춘의 끓는 피를 두려워하는 기성세대들에 의해 언제부턴가 슬며시 자취를 감추어 버렸다. 증류수는 백 퍼센트 순수한 물이지만 마시면 배탈이 나고 벌레가 없는 숲에서는 아름다운 새들의 노래를 들을 수 없다. 좌절과 시련이 없는 청춘은 청춘이 아니다. 청춘은 결코 잘못된 가치관에 순응하는 나약한 어른으로 커가는 과정이 되어서는 안 된다.

아이들아, 친구를 괴롭히는 일로 어리석은 자존감을 달래기에도, 한 번의 좌절에 쓰러지기에도 열일곱 살은 너무 짧다. 제시 스튜어트는 그 글의 마지막을 이렇게 맺고 있단다.

'열일곱 살은 내 고향 켄터키의 4월처럼 너무 천천히 와서 너무 빨리 가 버렸다.'

그대 안의 블루

푸른 유월이다. 하늘도 바다도 산그늘도 푸르고 유월의 날들도 푸르다.

'눈이 부시게 푸르른 날은 그리운 사람을 그리워하자.'

미당의 시의 「푸르른 날」에서 푸름은 단순히 색깔의 한 스펙트럼이 아니다. 에게 해海의 푸른 바다로 둘러싸인 그리스어에 파란색을 가리키는 단어가 없었다고 한다. 파랑은 시각적인 언어가 아니라 느낌의 언어였다는 것이다. 우리말의 '청춘靑春' 이라든가 '청운靑雲의 꿈' 에서의 '푸를 청靑' 도 미술 시간에 배운 삼원색三原色의 하나로 캔버스에 옮길 수 있는 시각 언어가 아니라 젊음과 환희와 희망을 말하는 의미 언어가 아닌가?

우리말에서의 파랑은 기껏해야 푸르다, 검푸르다, 파랗다,

새파랗다, 퍼렇다, 파리하다, 푸르죽죽하다 등의 몇 가지 느낌 언어가 고작이지만 푸른색에는 우리 눈으로 식별할 수 있는 종류가 무려 111 가지나 된다고 한다. 코발트를 비롯해 네이비블루, 마린블루, 인디고블루, 프러시안블루 등 주워섬기는 것은 물론이고 전문가가 아니고서는 식별하기조차 불가능한 무수한 파랑들이 색깔로서 존재한다는 것이다. 세계 인구의 절반이 좋아한다고 하는 그 색은 저마다의 취향과 기억들과 감정들에 따라서 푸르게, 또는 파랗게 다가올 것이다.

'신호등이 무슨 색깔일 때 길을 건너야 할까요?' 는 초등학교에 갓 입학했을 때 우리가 도덕(요즘은 바른생활이라고 하던가?) 시험을 칠 때마다 '파랑' 이라고 답을 써야 했던 문제였다. 내가 살고 있던 작은 도시에 신호등이 나타난 것은 그로부터 이십 년 가까이나 지난 후였지만 그것은 내가 어떤 색깔을 의미로 이해한 최초의 사건이기도 했다. '안전' 과 '불변의 가치' 를 의미하는 파랑은 영국의 보수당을 비롯하여 보수를 표방하는 대부분의 정당들의 상징색이 되었다. 얼마 전 당명이 바뀌었지만 우리나라의 한나라당의 상징색도 그러하지 않던가?

독일의 시인 노발리스의 『파란 꽃』은 헤르만 헤세가 가장 큰 영향을 받았고 최초의 낭만주의 문학 작품이라는 두 가지 이유로 젊은 시절 읽었던 책이다. 아이리스(붓꽃)나 제비꽃, 달개비 등의 파란 꽃들을 알게 된 것은 한참이나 지나서였고 그 시절에는 파란 색깔의 꽃은 존재하지 않는다고 믿고 있던 터여서 그 스물아홉의 나이로 요절한 시인의 소설은 신비로운 낭만으로 가득했다.

꿈속에서 본 파란 꽃 속의 소녀를 찾아 떠나는 여정旅程을 그려 놓은, 여기가 아닌 다른 세상에 대한 동경이 푸르게 빛나던 그 책을 읽는 내내 김환기의 그림 〈어디서 무엇이 되어 다시 만나랴〉 속의 무수한 푸른 점들이 떠올랐던 것은 지금도 남아 있는 그 책에 대한 내 기억이다. 서구 문학의 낭만적 패륜아 오스카 와일드가 늘 저고리 단추 구멍에 파란 제비꽃을 꽂고 다녔다는 데서도 파란 색은 낭만과 신비와 동경의 색깔이었던 게 틀림없다.

수많은 가수들이 불렀고 폴 모리아 악단의 연주로도 유명한 노래 〈Love is blue〉는 '사랑은 파란 색'이 아니라 '사랑은 우울해'로 번역되어야 한다. 'Blue, blue, my world is blue now I'm without you.'로 사랑이 떠나버린 우울한 세상을 노래하고 있다. 'Blue Monday'는 여성들이 우울해지는 생리일을 나타내는 은어隱語로 쓰이고 '블루스Blues'는 뙤약볕이 내려쬐는 사탕수수밭이나 목화밭에서 백인들의 채찍을 맞으며 일해야 했던 미국 남부의 흑인들에게서 나온 슬픔의 음악이다.

'청색시대(1901~1904)'는 피카소의 생애에서 거의 유일하게 우울했던 시절이다. 그의 절친한 친구였던 카를로스는 아름다운 처녀 제르메느를 사랑했다. 성불구였던 그가 끝내 사랑을 이루지 못하고 실연의 아픔으로 권총 자살을 한 후 우울증에 빠진 스무 살의 청년 피카소는 카를로스와 제르메느를 그린 〈인생〉, 〈포옹〉을 시작으로 매춘부, 장님, 알코올 중독자, 거지 등의 사람들을 푸른색으로 그렸다. 나중에 '입체파Cubism'라는 새로운 추상화 유파를 세워 20세기 최고의 화가가 되지만 지금도 그의 그림들 중 가장 비싼(500억 원 이상이라고 한다) 것들은 우울한 푸른색으로 뒤덮인 20대 초반의 그 그림들이다.

십대의 끝자락에 미국 여배우 캔디스 버겐을 흠모하게 된 것은 〈솔저 블루Soldier Blue〉라는 영화 때문이었다. 푸른 제복을 입은 미국 기병대였던 주인공이 인디언에게 납치돼 추장의 여자가 되어 있는 백인 여성을 빼앗아 호송하는 줄거리의 이 영화는 인디언들에 대한 무자비한 학살로 마무리된다. 샌드 크리크 전투라는 실화를 배경으로 한 영화였다. 1864년, 푸른 제복의 미국 기병대는 오랜 세월 자신들의 땅이었던 곳을 떠나라는 미국 정부의 명령을 거부했다는 이유로 여자와 아이들을 포함해 150여 명의 샤이언 족 인디언들을 무자비하게 학살했다. 그 영화에서의 푸른색은 야만의 다른 이름이었다.

안성기와 강수연이 주연한, 거의 최초로 도회적 우수憂愁를 그린 영화 〈그대 안의 블루〉는 결혼식장에서 뛰쳐나온 강수연이 흰 웨딩드레스를 찢는 장면으로 시작된다. 환희와 순결과 행복의 하얀 드레스를 찢게 한 것은 그녀의 안에 숨어 있던 어떤 블루였을까? 우리 모두는 우리 안에 어떤 푸른색들을 자신도 모르게 품고 살아가고 있는 것일까?

1990년 태양계 탐사선 보이저 1호는 6억 킬로미터 떨어진 지구를 촬영했다. 교양과학서 『코스모스』로 유명한 칼 세이건은 그 사진 속에 작은 푸른 점으로 나타난 지구를 보고 '창백한 푸른 점Pale blue dot' 이라고 명명했다.

만약 우주의 어느 누군가가 그 푸른 점을 본들 상상이나 할 수 있으랴? 그것이 사랑과 증오, 고통과 기쁨, 좌절과 희망, 전쟁과 폭력, 종교와 이데올로기들로 칠해진 푸른 점이라는 것을.

미인도美人圖

우리나라 록 음악의 새 시대를 연 신중현의 〈미인〉은 '한 번 보고 두 번 보고 자꾸만 보고 싶네.' 라는 유치한 가사의 반복으로 이루어져 있다. 지역의 동서東西와 시대의 고금古今을 막론하고 미인을 바라보는 사람들의 심경은 그와 다르지 않을 것이다. '미인이 끄는 힘은 황소보다 세다Beauty drawn more than oxen' 라는 영국 속담도 틀린 말이 아니다. 시대와 지역에 따라 미의 기준이 다를 수는 있지만 미인에 대한 동경과 이끌림은 모든 것들을 뛰어넘어 사뭇 끈질기다 할 것이다.

얼마 전 미국의 한 잡지가 발표한 세계의 미인들이 많은 10대 도시에 아시아에서는 유일하게 서울이 뽑혔다는 기사를 읽은 적이 있다. 그들이 어떤 기준으로 선정한 것인지는 알 수 없지만 화장술과 성형으로 포장된 국적 불명의 미인들이 거리를 활보하고 있는 것은 아닐까라는 좀 불편한 생각이 들기도 해 하릴없이 화첩을 뒤적여 혜원惠園 신윤복의 〈미인도美人圖〉를 찬찬히 살펴보았다.

지난해던가, 조선 후기의 화원 신윤복이 본시 여인이었다는 작가의 상상력에서 출발한 드라마 〈바람의 화원畵員〉과 영화 〈미인도〉에 이어 간송 미술관에서 소장하고 있던 그의 그림 〈미인도〉가 일반에게 공개되어 가히 미인도 신드롬을 일으킨 적이 있다. 그 그림 속에 조선 여인의 아름다움이 오롯이 녹아들어 있기 때문일 것이다.

고대의 조각 작품 〈밀로의 비너스〉와 르네상스 시대의 보티첼리의 〈비너스의 탄생〉에서부터 르누아르의 〈나부裸婦들〉과 마네의 〈올랭피아〉에 이르기까지 서양의 미인도들은 한결같이 벗은 여인들을 그린 것이었지만 신윤복의 미인은 옷 속에 그 아름다움을 감추고 있다. 서양의 미인도들은 양감量感, volume과 색으로 표현되어 있지만 그의 그림 속 여인의 아름다움은 선線으로 이루어져 있다. 복색으로 보아 여염집 규수가 아닌 기녀를 그린 듯은 하지만 고결한 기품과 요염한 여인의 자태를 동시에 지니고 있는 그 그림의 신비한 아름다움은 끊어질 듯 애잔하게 흐르며 이어지는 선으로 완성되고 있는 것이다.

초승달을 그린 듯한 눈썹의 선과 도톰한 입술 선, 트레머리

아래로 몇 가닥 드리워진 귀밑머리, 크게 뜨진 않았건만 애틋한 그리움이 그렁그렁 담겨 있는 눈과 반쯤 풀려진 진자주색 저고리 고름과 팔을 조금만 들어 올려도 젖가슴이 드러나 버릴 것만 같은 짧은 저고리와 잔주름 촘촘히 잡힌 옥색 치마의 부드러운 곡선이 그녀의 천의무봉天衣無縫의 아름다움을 보여주고 있다.

서양의 미학자들은 미술 작품 속에 나타나는 여인의 아름다움을 표현하는 캐논[기법]을 세 가지로 정리해 왔다. 다빈치의 데생을 원전原典으로 한 해부학적 완성도와 황금비율(팔등신이라는 말이 '밀로의 비너스' 에 나타나 있는 인체 비율에서 유래했다), 그리고 콘트라포스트contrapost가 그것이다. 한 쪽 다리에 무게의 중심을 두고 다른 쪽 다리를 살짝 구부림으로서 가는 허리와 풍만한 둔부가 강조되게 하는 오늘날의 S라인의 원조 격인 그 자세, 콘트라포스트가 이 그림에도 적용되어 있다. 옥색 치맛자락 아래로 수줍게 나와 있는 외짝 버선발이 그녀의 기품 속에 감추어져 있는 요염함을 드러내면서 보는 이의 애간장을 녹이는 것이다.

거부할 수 없는 그녀의 아름다움에 암소를 몰고 가던 노인으로 하여금 잡은 고삐를 놓고 낭떠러지에 핀 꽃을 따와 바치게 하고 용왕조차도 그녀를 납치하게 했던 삼국유사에 등장하는 수로부인이나, 혼을 빼놓는 미색으로 신라의 수많은 왕족들과 귀족들을 그녀의 치마폭에 싸이게 했던 미실, 천재적인 시재詩材와 음률과 미모를 두루 갖추어 조선 사대부들의 우상이 되었던 기생 황진이 등 숱한 미인들이 우리의 역사 속에서도 명멸해 갔지만 중국인들의 못 말리는 허풍은 그들의 미인을 부르는 말에서도 여지없이 나타나고 있다.

춘추 전국 시대에 오왕 부차에게 패해 나라를 빼앗겨 섶에 누워 자며 쓸개를 핥던(와신상담臥薪嘗膽) 월왕 구천은 미녀 서시를 부차에게 보내 그녀의 미색에 홀려 정사를 게을리하게 해 나라를 되찾는데, 서시가 얼마나 아름다웠던지 그녀가 연못가로 산책을 나서면 그녀의 미모에 넋이 나간 물고기들이 헤엄치는 걸 잊고 가라앉았나 하여 침어沈魚라는 이름을 얻었다.

한나라의 미인 왕소군이 흉노족의 인질이 되어 떠날 때 그녀의 아름다움에 홀린 기러기들이 날갯짓을 잊어버리고 떨어져 내려 낙안落雁이라는 별호를 갖게 되었고 훗날 불세출의 시인 이백과 두보의 시 속에도 절세의 미인으로 남았다.

『삼국지연의』에 등장하는 최고의 미인 초선은 후한의 충신 왕윤에 의해 동탁과 여포를 이간질하기 위한 미인계美人計의 재물로 보내어지는데 그녀가 밤길을 나서면 그 아름다움에 달도 어쩔 줄 몰라 구름 뒤로 숨어 버렸다 하여 폐월閉月이라고 불리었다.

더 이상의 미인은 있을 수 없다 하여 절대가인絶對佳人으로 불리운 양귀비는 그녀의 미모에 꽃도 부끄러워 잎을 닫아 수화羞花라는 이름까지 얻었다. 최고의 미인을 일컫는 말 '침어낙안沈魚落雁 수화폐월羞花閉月' 은 그렇게 생겨난 것이니 중국인들의 미인을 찬양하는 허풍에 혀를 내두르지 않을 수 없다.

피부와 이와 손은 희어야 하니 삼백三白이요, 눈과 눈썹과 머리칼은 검어야 하니 삼흑三黑이요, 입술과 뺨과 가슴 한가운데 도드라진 부분은 붉어야 하므로 삼주三朱라는 등 예로부터 미인의 조건을 규정하는 말들이 난무해 왔다. 가는 허리에 눈처럼 흰 피부를 뜻하는 세요설부細腰雪膚나 붉은 입술에 하얀 이를 이르는 단순호치丹脣皓齒도 그런 맥락의 말들이다. 그러나 명품 치장이나 첨단의 화장술이나 성형외과 베드에서 아름다움을 얻고자 하는 여성들은 들으시라. 오래 쌓아온 그윽함으로 자신만의 향기를 만들어 지닌 사람만이 진정한 미인이다.

'왜 미인들은 늘 쓸모없는 남자들과 결혼하는가?' 라는 질문에 S. 모옴은 '지혜로운 남자들은 미인과 결혼하지 않기 때문' 이라고 했다던가?

나는 네가 지난여름에 한 일을 알고 있다

'납량納涼' 이라 함은 여름철의 더위 속에 써늘함을 맛보는 걸 의미한다. 심리적인 공포와 우리 몸이 느끼는 시원함과의 생체적 연관성에 대해서는 잘 모르겠지만 여름이면 텔레비전들은 일제히 '납량 특집' 이라는 이름으로 수많은 공포물들을 쏟아내고 극장가에도 어김없이 공포영화가 내걸린다.

깊은 밤, 으스스한 산속의 공동묘지. 섬뜩한 푸른 안개 같은 것이 화면을 가득 채우고 낮게 금속성으로 흐느끼는 음악이 깔리면서 겁에 질린 여인이 무엇엔가 쫓기는 듯 두리번거리며 나타난다. 갓 죽어 부패하지 않은 사람의 다리를 고아 먹어야 나을 수 있는 병에 걸려 사경을 헤매는 지아비를 살리려는 오로지 한 가지 생각만으로 그녀가 아직 흙도 마르지 않은 무덤을 파헤쳐 사시나무 떨 듯 후들거리는 손으로 시체의 다리를 자르려고 하고 있다. 그 순간 고막을 찢는 천둥소리와 함께 번갯불이 번쩍이며 공동묘지의 괴기스러운 풍경과 공포에 질린 그녀의 얼굴을 드러내면서 비명소리가 머리털을 곤두서게 한다. 갑자기 쏟아지는 빗속에서 몇 번을 내리쳐 간신히 잘라낸 시체의 다리를 치마폭에 감싸 안고 허둥지둥 도망치는 여인의 등 뒤에서 시체가 벌떡 일어나 한쪽 다리로 쫓아오면서 애절하게 울부짖는다.

"내 다리 내놔, 내 다리!"

7, 80년대의 여름밤들에 우리가 "엄마야!" 하고 비명을 지르며 얼굴을 가리면서도 손가락 사이로 볼 건 다 보았던 〈전설의 고향〉의 한 장면이다.

우리의 머리끝을 쭈뼛하게 하고 심박 수를 빠르게 하는 이러한 공포는 무엇으로부터 오는가? 가장 원초적인 공포는 미지未知의 것에 대한 두려움이 아니었을까? 자연과학적 지식이 전혀 없었던 인류의 조상들에게는 언제 어디에서 공격해 올지 모르는 맹수들은 물론이고 자연 현상들까지도 공포의 대상이었을 것이다. 봄이 온다는 확신이 없던 그들에게 겨울의 추위와 배고픔은 그들에게 크고 막막한 공포로 다가왔을 것이다. 대부분의 미신(어쩌면 종교까지도)들은 그 미지에 대한 공포에서 생겨난 것일지도 모른다.

알프레드 히치콕의 영화들이 공포 영화의 고전으로 불리는 이유도 그가 인간의 원시적 공포를 그리고 있기 때문이다. 그의 영화 〈새The Bird〉에서는 전혀 공포의 대상으로 여겨지기 힘든 새들의 공격이 우리를 공포로 얼어붙게 한다. 어느 날 갑자기 새들이 왜 인간을 공격하는지에 대해 그는 그 영화의 어디에서도 설명하지 않는다. 그래서 그의 영화들은 피가 튀기는 잔혹한 장면이 전혀 없으면서도 오랜 세월 동안 공포 영화의 고전으로 자리 잡고 있는 것이다.

오늘날의 오컬트 영화occult movie들도 그와 같은 선상에 있다 할 것이다. '숨겨진 비의秘意나 비밀' 같은 걸 의미하는 오컬트는 조자연 현상이나 악마, 뱀파이어(흡혈귀)까지 동원하며 심령주의spiritualism로까지 확장되어 무수히 많은 아류의 영화들을 만들어내었다. 퇴마사를 의미하는 〈엑소시스트Exorcist〉나 징조라는 뜻의 〈오멘Omen〉, 좀비나 뱀파이어들이 설쳐대는 〈황혼에서 새벽까지〉 같은 영화들이 그런 영화들의 걸작에 속할 것이다. 공포를 뜻하는 호러horror는 '털을 곤두세우다' 라는 라틴어 'horrere' 에서 온 말이라고 한다. 영화 사상 최고의 반전反轉으로 일컬어지는 〈식스 센스The Sixth Sense〉의 마지막 장면에서의 '아저씨, 나는 귀신이 보여. 근데 귀신들은 자기가 귀신인 줄 몰라' 라는 소년의 대사에 머리털이 곤두서지 않을 사람이 어디 있겠는가?

인간의 잠재의식 속에 숨어 있는 악마성과 폭력성으로부터 오는 공포도 우리를 두려움에 사로잡히게 한다. 폐쇄적 복수심에 불타는 살인마 제이슨이 도끼와 낫을 들고 젊은이들의 평화로운 야영 캠프를 습격해 유혈이 낭자한 지옥으로 만들어 버리는 영화 〈13일의 금요일〉은 폭력과 섹스를 교묘히 섞어 넣어 7, 80년대를 상징하는 공포 영화의 대명사가 되면서 많은 속편들을 만들어내기도 했다. 아무런 죄의식도 느끼지 못하는 사이코패스 살인마들이 설치며 피를 튀기는 이런 영화들은 흔히 '슬래쉬 영화Slash movie' 로 분류되기도 한다. '난도질slash' 이라는 뜻에 딱 어울리는 제목만 들어도 섬뜩한 〈텍사스 전기톱 살인〉이라든가 〈스크림Scream[비명]〉' 도 그런 영화들이고 〈나는 네가 지난여름에 한 일을 알고 있다〉도 그 중 하나다.

억압된 공간도 공포를 낳는다. 입시와 수능 시험 성적에 짓눌린 아이들에게 학교는 폐쇄되고 억눌린 공간이며 갖가지 괴담들이 난무하는 공간이다. 우리나라 공포 영화의 한 유행이 되어버린 〈여고괴담〉 의 많은 연작 영화들이 억눌린 공간으로부터의 탈출 욕구를 소극적이며 반어적反語的으로 표출해 내고 있는 건 아닐까? 〈전설의 고향〉을 비롯해 〈구미호〉나 〈월하의 공동묘지〉 같은 수많은 우리나라 공포 영화들에 거의 예외 없이 소복을 하고 머리를 풀어헤친 한을 품은 여인들이 등장하는 것도 그들의 억압된 신세에 대한 한풀이 때문일 것이다.

인류가 존재한 순간부터 공포는 존재했다. 생물학자와 심리학자들은 인간의 생존 본능을 투쟁도주반응fight-or-flight response으로 설명하기도 한다. 공포와 맞서 싸우느냐, 공포로부터 도망치느냐가 인류의 역사를 만들어 온 한 축일 수도 있다는 말이다.

공포는 인간의 생존에 필수적인 것이기도 하다. 미국의 남북전쟁 당시 한 장군은 "야, 이 겁쟁이들아! 저런 총알에는 코끼리도 안 맞겠다. 나를 따르라!"라고 소리치며 용감하게 뛰어나가는 순간 총을 맞고 죽었다고 한다. 공포를 모르는 인간은 쓸모없는 인간일지도 모른다. 죽은 군인은 전쟁을 수행할 수 없기 때문이다.

쉿! 주의하시라!

오늘 밤 당신이 보고 있는 TV 화면에서 일본 영화 〈링〉에서처럼 머리를 풀어헤친 귀신이 엉금엉금 기어나올지도 모른다.

달밭골 가는 길

살아가는 어느 날 문득 거울 앞에 서서 삶의 무게에 짓눌린 자신의 모습을 보면서 '심심유곡深深幽谷 깊은 산속으로 들어가 화전이나 일구며 살아볼까?' 까지는 아니더라도 시끌벅적한 도시와 부대끼는 삶으로부터 벗어나 물소리 새소리 들으면서 자연과 벗해 살아보고 싶은 생각이 누군들 한번쯤은 들지 않았으랴? 달밭골은 그렇게 누구나 한 번쯤은 꿔보는 사치한 꿈의 저 편에 꿈으로만 아스라이 남아 있는 하늘 동네이다.

조선 중기의 학자이자 대예언가였던 격암格庵 남사고가 말을 타고 산천을 주유하다가 소백산을 보고는 말에서 내려 넙죽 절을 하며 '이 산은 사람을 살리는 신이다' 라고 전기를 누설했다고 전한다. 그 남사고가 남긴 『격암유록』과 뿌리가 닿아 있는

『정감록』의 비결秘訣은 말할 것도 없고 풍수지리에 능통한 옛 술사術士들이 하나같이 제일의 길지吉地로 추켜세우는 소백산에서도 가장 으슥하고 비밀스런 동네답게 달밭골 들머리는 초행이어서는 여간해서 찾기 힘들도록 감추어져 있었지만 지금은 '소백산 자락길' 의 첫 번째 코스로 푯말이 붙어 있어 누구나 쉽게 찾을 수 있고 산행을 하는 사람들의 발길이 끊이지 않아 자칫 그 비경秘境이 훼손되지는 않을까 걱정스럽다.

초암사를 지나 산길을 오르다가 땀으로 등이 젖어올 때쯤 왼쪽으로 키 큰 낙엽송 숲 사이로 달밭골 가는 희미한 길로 들어서면 시원한 물소리와 함께 첫 번째 다리가 나선다. 몇 해 전까지만 하더라도 실하고 곧은 몇 개의 통나무가 걸쳐져 다리 구실을 하고 있었지만 지금은 튼튼한 방부목으로 다리를 놓아 그 맛이 좀 떨어지는 게 사실이지만 선계仙界로 들어가는 초입으로서의 역할에는 손색이 없다.

다리는 경계를 의미한다. 우리 옛 이야기 속에서도 이승과 저승 사이에는 다리가 있고 서양의 전설에도 '레테의 강' 위에 망각의 다리가 놓여 있다. 달밭골로 들어가는 이 첫 번째 다리를 건너면서 풍진세상에서 묻은 티끌들은 훨훨 떨쳐버려야 한다. 조금 떨어져서만 보면 한낱 티끌일 뿐인 욕심과 집착들은 콸콸콸콸 쏟아져 흘러가는 물위로 떠나보내야 한다.

여름 트레킹 코스로 이만한 길이 더는 없을 것이다. 물이 길을 만들고 길은 언제나 물을 따라 흐른다. 오르는 길 옆 내내 물때 묻은 검은 바위들 사이로 맑은 물이 철철 흘러내리고 물푸레, 신갈, 잣나무들로 덮인 산길에는 햇빛 한 자락 새어들지 않는다. 산길은 오랜 세월 쌓인 낙엽으로 담요처럼 푹신하고 머리 위 넝쿨들에서는 찌렁찌렁 풀벌레들 소리로 다래들이 익어가고 있다. 다람쥐며 청설모들이 부산하게 나무들을 오르락내리락하면서 아직 푸른 도토리들과 잣송이들을 떨어트리고 산벚나무 붉은 열매들이 오종종 산길에 흩어져 있는 길섶에는 비비추, 애기원추리, 하얀 어수리, 노란 마타리, 붉은 물봉선 등의 소백산 여름꽃들이 한창이다. 봄꽃처럼 무리지어 피지도 않고 한꺼번에 화르르 피어오르지도 않는 여름꽃들은 그래서 쓸쓸하다.

얼음같이 시린 계간수에 발을 담그기도 하고 손우물을 만들어 목을 축이기도 하면서 한나절을 쉬엄쉬엄 오르다 보면 아득한 산속 마을 달밭골이다. 달뙈기만한 밭들이 있어서라거나 산허리 여기저기 흩어져 있는 다락밭들에서 그 마을 이름이 붙여졌다고도 하지만 한 길이 넘게 웃자란 달풀들이 우거진 묵정밭들을 보면 달밭[月田]이라는 이름이 사뭇 어울리는 것 같기도 하다.

한때는 서른에 가까운 움막들이 있었고 그만큼의 사연들을 가지고 약초도 캐고 산나물도 뜯으며 메뚜기 이마 같은 화전에 옥수수나 감자를 심어 먹으며 세상 시비와 등진 사람들이 살았었지만 무엇엔가 쫓겨서였거나 무언가를 찾아서 이 깊은 산속까지 들어왔을 그들의 삶의 흔적은 허물어지거나 비어 있는 움막들과 더불어 이제는 전설로만 남아 있을 뿐이다.

일제 강점기 이전부터 봉두난발의 비결파秘訣派의 도인들이 호랑이 멧돼지들과 함께 축지법을 쓰며 살았다고 하지만 후일담後日談을 남기지 않고 전설처럼 사라지고 그 이후 독립운동가들의 근거지가 되기도 했고 일제의 수탈을 피하거나 6·25의 전란을 피해 찾아든 사람들이 움막을 지으며 살다가 공비들의 출몰로 소개령疏開令이 내려 쫓겨나기도 했다고 한다.

지금도 그 집이 남아 있는 동씨 성을 쓰던 할아버지의 손자 이야기가 한때 무슨 방송의 '인간시대' 인가 하는 프로에 나와 유명세를 타기도 했다. 이른 바 '달밭골 타잔 소년' 의 이야기다. 당시(1993년) 열 살이던 소년 동호철은 달밭골을 타잔처럼 뛰어다니며 삼가분교에 다녔다고 한다. 마을에는 다섯 가구 열한 명의 남자들만 살고 있었고 나이 든 남자 어른들과 고라니 산토끼들과만 벗하며 살던 소년은 학교에 들고서야 여자 사람을 처음 보았다고 한다. 나도 한 번 뵌 적이 있는 동씨 할아버지는 오래 전 세상을 버렸고 소년은 지금 어느 도회에서 어느덧 서른의 청년이 되어 살아가고 있을 것이다.

무성한 달풀들 사이로 미로처럼 나 있는 작은 길들은 멀리 떨어져 있는 움막들이 저희들끼리 외롭고 서로 그리워서 저절로 생겨났을 게 틀림없다. 그 미로들 중 하나를 따라 들어온 움막 옆 계간수에 발을 담그면 산속의 여름 한낮, 세상 밖의 시간 속으로 잠기어 간다.

지금은 그 움막들에 요양을 하러 찾아든 사람들이나 땅과 집을 사서 주말에 들르는 사람들과 산행하는 사람들이 마을을 찾지만 이제 곧 춥고 눈 내리는 겨울이 오면 마을은 텅텅 비어 적막강산이 되고 눈 쌓인 달밭 위에 달빛만 푸를 게다.

모기 이야기

아득한 옛 여름밤을 떠올려보면 가장 먼저 생각나는 것이 삶은 옥수수나 감자, 어머니가 끼얹어 주시던 시원한 등물, 그리고 마당 한켠에서 매캐한 연기를 내며 타던 모깃불이다. 오늘날의 모기약이라든가 모기향 같은 것들은 아예 존재하지도 않았고 모기를 쫓는 방법이라고는 모기장과 모깃불이 고작이던 시절이었다. 아궁이에 남은 잔불 위에 낮에 베어 둔 쑥대를 올려 피워낸 매캐하지만 향긋한 연기 속에 들마루에 누워 어머니의 부채질 바람을 느끼며 까무룩 잠들던 여름밤이 그립다.

어린 시절 연례행사처럼 여름이면 말라리아를 앓곤 했다. 하루걸리 하루씩 열이 오르는 이 병을 우리는 '하루걸이' 라고 불렀었다. 억지로 벌려진 입 속으로 '금계랍' 이라고 부르던 쓰디 쓴 분홍 빛깔의 약이 부어 넣어지던 진저리쳐지는 고통이 있긴 했지만 학교도 안 가고 시원한 데 누워 어머니에게 응석을 부리는 재미가 쏠쏠해서 여름이 오면 말라리아가 찾아 주기를 기다리기까지 했었다. 그게 얼마나 무서운 병인지도 모르고.

유럽 사람들은 말라리아를 공기로 옮기는 병인 줄 알았다. 그래서 이탈리아 말로 'mal(나쁜) + aria(공기)' 라는 이름을 얻게 되었다. 20세기에 들어와서야 모기가 옮기는 것으로 드러난 이 병은 지금도 해마다 150만 명 이상의 목숨을 빼앗아 간다. 1, 2차 세계대전과 6·25 사변을 빼면 이보다 더 많은 사망자를 낸 전쟁은 없었다. '학질을 떼었다' 라는 말에서의 학질도 그 병의 다른 이름이다.

모기는 역사를 바꾸었다. 기원 전 4세기의 마케도니아의 정복자 알랙산더도 말라리아에 걸려 서른두 살의 나이로 죽었고 『신곡』을 남긴 이탈리아의 시인 단테도, 빈자들의 성녀 테레사 수녀도 그 병으로 목숨을 잃었다. 몇 해 전 대지진을 겪었던 아이티가 아메리카 대륙에서 미국 다음으로 가장 먼저(1801년) 독립한 나라가 된 것도 모기 덕분이었다. 저항하는 식민지 군을 진압하던 스페인 병사들이 하나 둘 말라리아로 쓰러져 갔기 때문이다.

아열대 지방의 나무 뿌리에서 흘러나온 송진이 땅 속에서 적어도 수백만 년의 세월을 거치며 응고된 것이 호박이다. 이 황

갈색의 보석인 호박amber 속에는 가끔 작은 곤충들의 화석이 온전한 형태로 들어 있다. 호박 속에서 모기 화석을 발견한 생물학자가 그놈이 빨아먹은 피에서 추출해낸 공룡의 DNA를 조합해 티라노 사우르스나 트리세나 톱스 같은 공룡들을 만들어 코스타리카 서해안의 한 섬에 풀어 놓고 공원을 만든다. 벌써 이십 년 전쯤 마이클 크라이튼의 소설을 원작으로 해서 스티븐 스필버그가 만든 영화 〈쥐라기 공원Jurassic Park〉의 탄생이었다. 그렇게 모기는 6,500만 년 전에도 공룡들의 피를 빨며 지구에 살아 있었다.

지구상에 존재하는 모기는 그 종류가 3,000종이나 된다고 한다. 우리나라에는 50종 정도가 서식하고 있다. 논이나 웅덩이, 못 가장자리 등에서 발견되는 장구벌레가 모기의 유충이다. 번데기의 과정을 거쳐 모기가 된 이놈들은 사람이나 동물들을 무차별 공격하여 말라리아, 뇌염, 뎅기열, 황열병 등 고열을 동반하는 숱한 질병들을 일으킨다. 사람이나 동물의 피부를 찌를 때 그 침을 통해 병균이 혈액으로 침투하는 것이다.

사람을 공격하는 것은 암컷 모기이다. 교미된 수정란에는 단백질과 같은 영양 공급이 필요하고 우리의 피가 그 영양소를 공급해 주기 때문이다. 수컷 모기가 해야 할 일을 인간들이 저주를 퍼부어 가면서도 대신해 주고 있는 것이다.

'부리를 박아 피를 빠는 것만도 미울 것인데/ 어찌 또 뼈에 사무치는 독기를 불어넣느냐/ 베 이불 푹 쓰고 머리만 내어놓아도/ 어느 사이 부처 이마에 돋은 사마귀처럼/ 무수한 혹들이 부어오른다./ 제 뺨을 손바닥으로 후려갈겨도 언제나 헛빰치며 볼기짝 때리자마자 벌써 날아가 버린다.'

유배지에서 여름밤을 보내던 다산 정약용이 그렇게 쓰고 있다. 그놈들의 행패가 오죽 자심했으면 추녀 끝을 기어가는 구렁이나 먼산에서 들려오는 호랑이 소리보다도 더 두렵다고 썼을까? 그 따끔거리고 가려운 물린 자리가 얼마나 괴로웠으면 그 글 제목을 「증문憎蚊[모기를 미워함]」이라 지었을까?

견문발검見蚊拔劍. 모기에게 칼을 빼든다는 이 사자성어는 하찮은 것에 화를 내는 일을 이르는 말이다.

애애애애앵.

무더위를 겨우 달래 잠자리에 들 때쯤이면 멀어졌다 가까워지는 듯, 가까워졌다 또 멀어지는 듯 온몸의 신경을 곤두세워놓고 마는 그 소리. 공포스럽고 괴기스럽기까지 한 그 소리와 함께 팔다리며 이마, 뺨 할 것 없이 이 여름밤의 불청객이 무차별 공격을 퍼부어올 때면 벌떡 일어나 시퍼런 칼이라도 빼들고 싶은 원한에 사무치게 된다.

손톱 끝에 봉숭아 지기 전에

봄꽃들은 한꺼번에 화르르 피었나가 지며 살아 있음의 치열함과 사라지는 것들의 덧없음을 단호히 말해 주지만 여름꽃들은 오랫동안 시름시름 피고 지고, 또 지고 피며 뜨겁게 외로운 여름 한낮을 파수꾼처럼 지키고 서 있다. 그래서 여름꽃들은 서글프다. 그래서 봉숭아도 서글퍼서 그리운 꽃이다.

예로부터 붉은 꽃잎과 잎들을 곧추세워 하늘을 향한 모양새가 마치 봉황을 닮아 봉선화鳳仙花라는 이름을 얻은 이 꽃은 울밑이나 댓돌 아래, 또는 마당가 이곳저곳에 심어 그 특유의 향기로 뱀들을 범접치 못하게 한다 하여 금사화禁蛇花로 부르기도 했다. 그 꽃잎의 붉음이 너무 선연하여 모든 삿된 것들을 물리치는 벽사辟邪의 몫까지도 해내었으리라.

한방에서는 그 꽃과 잎의 효능이 다양하고 즉시 나타나므로 급성화急性花라고 불리기도 한다. 살짝 건드리기만 해도 씨주머니가 또르르 말리며 씨앗들을 터뜨려 내는 까칠함에서 연유한 이름이기도 하리라. '손대면 톡 하고 터질 것만 같은 그대/ 봉선화라 부르리' 라는 현철의 노래도 있지 않던가?

그리스 신화의 한 요정妖精이 황금사과를 훔쳐 먹었다는 누명을 쓰고 신들의 궁전인 올림포스 산에서 쫓겨났다고 한다. 억울함을 못 이겨 죽은 그 요정이 봉숭아꽃으로 피어나 씨주머니를 터뜨려 제 결백한 속내를 보여주려 했다는데서 '나를 건드리지 마세요touch-me-not' 라는 토라진 영어 이름과 꽃말을 갖게 되었다고 한다.

창가唱歌의 형태에서 벗어난 우리나라 최초의 가곡歌曲이라 할 홍난파의 〈봉선화〉는 식민지 시대의 억압받던 민족의 처지를 그 꽃에 비유해 고단한 설움을 절절히 노래하고 있다.

'울 밑에 선 봉선화야 네 모양이 처량하다/ 길고 긴 날 여름철에 아름답게 꽃 필 적에/ 어여쁘신 아가씨들 너를 반겨 놀았도다'

옛 시인은 그 꽃에서 눈물 흘리는 이를 보아 누객淚客이라고 했거니와 그렇게 봉선화는 우리 민족에게는 눈물의 꽃이기도 했던 것이다.

옛날 백제 땅에 거문고 잘 타던 처녀가 살았는데 무슨 서러움이나 그리움에선지 손톱에 붉은 피가 철철 흐르도록 연주를 하곤 했는데 그걸로도 도무지 풀 수 없는 설움 때문에 안타까운 목숨을 버리고, 그 소식을 들은 임금이 사람들에게 손톱에 봉숭아물을 들이게 해 그 처녀의 혼을 달래게 했다고 한다. 하고많은 꽃들 중에서 유달리 봉숭아가 우리에게 그립고도 정겨운 꽃이 된 것이 아마도 손톱에 들이던 봉숭아 꽃물 때문 아니었을까? 손톱 위의 꽃물이 첫눈 올 때까지도 지워지지 않고 남아 있으면 사랑이 이루어진다는 속설까지 있지 않은가.

'손톱 끝에 봉숭아 빠알개도/ 몇 밤만 지나면 질 터인데/ 손가락 마다 무명실 매어주던/ 곱디 고운 내 님은 어딜 갔나// 초롱한 저 별빛이 지기 전에 구름 속 달님도 나오시고/ 손톱 끝에 봉숭아 지기 전에 그리운 내 님도 돌아오소 '

박은옥이 이토록 아름다운 노랫말을 지어 청아하게 부른 〈봉숭아〉는 우리를 아련한 그리움으로 사무치게 하고 먼 옛날의 기억 속으로도 돌아가게 한다.

초등학교 여름방학에 시골에 있는 먼 친척 집에서 며칠을 보냈다. 백일홍과 봉숭아들이 마당 가득 피어 있던 산속의 외딴 그 집에는 시집갈 날을 받아 둔 친척 누나가 있었다. 말수는 적었지만 걸음새가 바람결처럼 사뿐하고 웃을 때면 눈빛이 아득하고 깊어지는 스물두어 살쯤의 처녀였다. 누나는 뒤뜰 오동나무 그늘 들마루에 앉아 시집갈 때 가져갈 베갯모나 벽에 걸어

둔 옷가지들을 가릴 천(우리네 옛날 집 안방에서 흔히 볼 수 있던 그 가리개를 뭐라고 부르는지는 모르겠다)에다 꽃이나 'HAPPY', 'SWEET HOME' 같은 영어 글자들을 수놓고 있었다. 집과 식구들을 떠나야 하는 시름 때문이었을까, 한 땀 한 땀 수놓고 있는 그녀의 바느질 막간에서 가느다란 한숨 소리를 들었던 듯도 하다.

어느 날 그녀가 나를 들마루로 불러 앉히고는 하얀 사기그릇 종지에 따놓은 봉숭아 꽃잎들에 백반을 넣은 다음 정성스레 빻기 시작했다. 억지로 내 손을 내밀게 해 놓고 킬킬대기도 하면서 손톱 위에 그 빻아진 꽃잎을 얹고 봉숭아 잎으로 곱게 싸매어 실로 찬찬 동여 주고는 자신의 손톱에도 똑같은 방법으로 봉숭아물을 들였다. 무슨 종교 의식과도 같던 일련의 정제된 과정을 거친 다음 우리는 푸른 잎으로 싸맨 서로의 손가락들을 보며 공범처럼 깔깔거리며 웃었다.

그 집을 떠나온 후 개학날이 가까워 오자 동무들이 놀려댈게 두려워 시냇가의 모래로 빡빡 문질러 내 손톱 위의 꽃물은 희미해져 버렸지만 그 누나의 봉숭아 꽃물은 첫눈 올 때까지 지워지지 않고 남아 있었을까? 그녀가 베갯모와 가리개에 수놓던 영어 글자처럼 그녀는 행복하고 즐거운 가정을 이루었을까? 나는 그 먼 친척 누나를 다시 만나지는 못하고 그녀의 남편이 일찍 세상을 떠 힘겹게 딸아이 하나를 키우고 있다는 풍문을 바람결에 들었을 뿐이다.

‘비 오자 장독간에 봉선화 반만 벌어/ 해마다 피는 꽃을 나만 두고 볼 것인가/ 세세한 사연을 적어 누님께로 보내자/ 누님이 편지 보며 하마 울까 웃으실까/ 눈앞에 삼삼이는 고향집을 그리시고/ 손톱에 꽃물 들이던 그날 생각하시리’

작자미상未詳으로 전하는 이 시를 읊노라면 산속 외딴집 마당 가득 피어 있던 그 여름날의 봉숭아와 함께 그 친척 누나의 남모를 고적함이 진하게 밀려오기도 한다.

올여름 내 마당에도 어김없이 봉숭아가 피었다.

‘매암 소리 맑게 흐르는 아침/ 남쪽 뜰 안 환상의 화단 속에/ 한 소녀가 봉선화를 따고 있으니/ 나는 팔월의 소년이 됩니다’

김광섭의 시 「봉선화」이다.

누이여! 어디 그런 아득하고 그리운 마당 아직 남아 있으면 그 마당으로 다시 돌아가 팔월의 소년이 되고 싶다.

옷 벗는 사람들

자연계에서 인간은 유일하게 옷을 입는 존재이다. 자연自然이라는 것이 인위적 의도가 끼어들지 않은 있는 그대로의 상태를 의미하는 것이라면 인간만이 유일하게 자연의 상태를 거스르는 존재라는 이야기가 된다.

구약성서의 첫머리인 「창세기創世記」의 낙원에 최초로 살았던 남녀 아담과 이브는 자신들이 알몸이라는 데 아무런 부끄러움도 갖지 않았다. 신이 금지한 열매를 따먹은 후 그들은 처음으로 부끄러움을 느끼고 무화과 잎으로 몸을 가리게 되었다. 인간이 옷을 입게 된 최초의 이유가 부끄러움을 가리기 위해서였던 것이다. 성서의 표현을 빌리자면 '눈이 밝아져' 부끄러움을 알게 되었다고 하는데 인간이 최초로 이성理性을 갖게 되었다는 해석도 가능할 것이다. 낙원에서 추방된 이래로 줄곧 인간의 몸을 가려온 옷의 역사는 그렇게 은폐에서 시작된 것이다.

'옷을 입은 인간' 의 역사는 끊임없이 벗은 상태를 동경하거나 저주해 온 역사이기도 하다. 특히 그것이 여성의 벗은 몸일 경우에는 그 동경과 저주가 극명해진다. 누드는 언제나 서양 미술의 중심에 있었다. 인간을 의미하는 'man' 이 남성을 가리키듯 그리스 시대까지만 하더라도 남성 중심의 세계관이 지배했다. 그 시대의 미술에서 누드는 주로 남성이 대상이었다. 그리고 인간의 몸이야말로 신의 가장 위대한 작품이라는 데서 출발한 '몸에 대한 숭배' 에서 크게 벗어나지 못했다. 미켈란젤로의 〈다비드 상像〉이 보여주듯이 위대한 인간의 몸이 아니라 아름다운 인간의 몸에 대한 발견과 탐구는 르네상스 시대에 시작되었을 것이다.

알몸naked과 누드nude는 분명 다른 것이라고 하지만 알몸을 그려놓은 것이 누드라고 하더라도 그리 틀린 말은 아닐 것이다. 학창 시절 르누아르의 누드화에 심취한 적이 있었다. 복숭아 빛으로, 또는 살구 빛으로 피부의 결까지 물 흐르듯 묘사해낸 그의 그림들은 내게 여성성女性性에 대한 무한한 흠모를 불러일으키기에 충분했다. 어느 날 라이터에 그려진 나체화를 보고 알몸과 누드의 차이를 절감하긴 했지만, 19세기 중엽 프랑스 사회를 논란에 휩싸이게 한 마네의 〈올랭피아〉와 〈풀밭 위의 점심〉은 누드가 '아름다움' 이외의 어떤 것(세속적 욕망이나 권력 의지 같은 것일 수 있는)을 말하고자 할 때 잠시 우리를 불편하게 할 수도 있다는 것을 보여준다.

여성의 벗은 몸은 시대나 장소에 따라 다른 형태로 나타난 저주와 죄악의 표상이기도 했다. 인도나 이슬람 여성들은 지금도 히잡이나 부르카로 얼굴까지 꽁꽁 싸매야 하고 우리나라에서도 조선시대에는 여성이 외출할 때는 장옷으로 얼굴을 가리고 다녀야 했다. 14, 5 세기 유럽과 17세기 미국의 뉴잉글랜드에서 벗은 몸을 남에게 보인 여성은 마녀라는 이름으로 화형에 처해지기도 했다.

이러한 오랜 억압의 전통이 금기禁忌와 권위에 대한 도전과 저항으로 옷을 벗는 사람들을 낳았다. 그들에게 옷을 벗는 행위는 구속으로부터의 자유, 억압으로부터의 해방을 의미하기도 하는 것이다.

1953년, 미국의 휴 해프너는 《플레이보이》라는 잡지를 창간해 여성들의 벗은 몸을 보여줌으로써 '자유로운 성性 담론' 이라든가 '진보적 성性' 이라는 새로운 세계를 열었지만 상품으로서의 여성성의 소비를 광범위하게 조장했다는 비난으로부터도 자유롭지 못힐 것이다.

정치적 발언으로서 옷을 벗는 사람들도 있다. 그 전통은 11

세기 영국의 코번트리라는 마을에서 시작된다. 마을 사람들은 영주領主의 수탈에 가까운 높은 세금으로 신음하게 된다. 마을 사람들의 고달픈 처지를 외면할 수 없었던 영주의 부인 고다이바는 남편을 설득해 보지만 그녀에게 돌아온 것은 알몸으로 말을 타고 마을을 한 바퀴 돌면 세금을 낮춰 주겠노라는 조롱에 가까운 남편의 대답뿐이었다. 다음 날 부인이 알몸으로 말을 타고 마을을 도는 동안 마을 사람들은 집 밖을 나오지 않고 커튼을 내리고 그녀의 모습을 보지 않았다고 전해진다. 이 이야기는 숭고하고 가치 있는 뜻을 관철하기 위해 감행하는 극단의 행동을 의미하는 '고다이바이즘Godaivaism' 이라는 말을 낳았다.

1960년대의 미국에서는 월남전을 반대하는 사람들이 알몸으로 거리를 달리는 '스트리킹streaking' 이라는 기발한 시위 문화가 생겼고 1968년에는 히피들의 자유와 반전反戰을 내세운 록 뮤지컬 〈헤어Hair〉가 나체로 공연되었다. 얼마 전 우리나라에서도 한 맹렬여성이 팟캐스트 방송 '나는 꼼수다' 의 진행자였던 한 의원이 유언비어 유포라는 죄목으로 감옥에 갇혔을 때 자신의 젖가슴에 '정 아무개 나와라' 라는 구호를 쓴 사진을 공개해 화제의 중심이 되었었다. '코피 조심' 이라든가 '성욕 억제제 복용' 등의 뒷골목 농담들만 뒤따르지 않았다면 우리나라 최초의 아주 유쾌한 '몸을 이용한 정치 발언' 이 될 뻔했다.

앞서 얘기한 고다이바 부인의 일화에는 재미난 뒷이야기가 있다. 다른 마을 사람들은 다 그녀의 알몸을 보지 않았지만 톰이라는 이름의 재단사는 커튼 사이로 훔쳐보다가 장님이 되었다고 한다. 그렇게 해서 그 재단사는 영어의 관음증觀淫症을 의미하는 'peeping(훔쳐보다라는 뜻) Tom'이라는 관용구에 그 이름을 남기게 되었다.

존 말러 콜리어의 그림 〈고다이바 부인Lady Godaiva〉을 보면 붉은 천을 깐 흰 말 위에 한쪽 가슴을 팔로 가리고 고개를 숙인 그녀의 옆모습이 너무 고혹적이다. 나도 그 재단사 톰의 범주에서 크게 벗어나지는 못한 인간임에 틀림없다.

빨강의 기억

'나는 빨강이어서 행복하다! 나는 뜨겁고 강하다. 나는 눈에 띈다. 그리고 당신들은 나를 거부하지 못한다. 나는 숨기지 않는다. 나에게 있어 섬세함은 나약함이나 무기력함이 아니라 단호함과 집념을 통해 실현된다. 나는 나 자신을 밖으로 드러낸다. 나는 다른 색깔이나 그림자, 붐빔 혹은 외로움을 두려워하지 않는다. 나를 기다리는 여백을 나의 의기양양한 불꽃으로 채우는 것은 얼마나 즐거운 일인지! 내가 칠해진 곳에서는 눈이 반짝이고, 열정이 타오르고, 새들이 날아오르고, 심장 박동이 빨라진다. 아, 빨강이 된다는 건 얼마나 멋진 일인가! (오르한 파묵의 소설 『내 이름은 빨강』 중에서)'

2006년 노벨문학상을 수상한 터키의 작가 오르한 파묵의 소설 『내 이름은 빨강』은 눈 내리는 저녁의 한갓진 이스탄불 교외의 우물 바닥에 누워 있는 시체 '엘레강스'가 자신이 어떻게 해서 죽임을 당해 그 우물 바닥에 버려지게 되었는가에 대해 이야기하는 것으로 시작된다. 이슬람 세밀화가들 사이의 사랑과 질투와 음모와 그림(그들에게는 삶이기도 했다)에 대한 열정을 통해 동서 문화의 충돌을 상징적으로 그리고 있는 그 소설 갈피에서 발견한 그 대목은 내게 깊은 인상을 주었다.

물감으로서의 빨강, red는 그 어떤 색깔보다 스펙트럼이 단순하다. 그래서 더 강렬하다. 빨강은 위험한 색이고 위반의 색이다. 빨간 신호등이 그렇고 축구 경기에서의 레드카드가 그렇다. 그것은 불과 피를 의미하고 폭력과 전쟁의 상징이지만 프랑스 혁명에서 처음 등장해 오늘날 프랑스의 국기가 된 삼색기의 빨강은 박애博愛를 상징한다. 독일의 시인 라이너 마리아 릴케의 묘비명에는 '장미여! 오, 순수한 모순이여'라는 자신의 시가 새겨져 있다. 빨강은 세상의 그 어떤 색보다도 더 모순의 색깔이다. 그것이 유혹과 정열의 색깔이기도 하기 때문이다. 포도주의 붉은 색이 그러하고 붉은 입술이 그러하고 사춘기에 숨어서 보던 빨간책이 그러하지 않은가? 위험한 것들은 언제나 우리를 유혹한다.

요즘 우리 사회가 온통 '빨갱이' 논생으로 시끄럽다. 로마 시대 이후 빨간색은 일관되게 왕과 귀족의 색깔이었다. 빨간색이 진보와 혁명의 색깔이 된 것은 1871년의 '파리 코뮌Paris Commune(파리의 노동자계급이 세운 최초의 민중 자치 정부였지만 두 달간 지속되었을 뿐이고 이어진 '피의 일주일'에 혁명이라는 이름으로 수많은 이들의 피가 뿌려졌다)'에서 적기赤旗가 등장한 뒤였을 것이다. 공산 혁명에 성공한 레닌은 낫과 망치가 그려진 붉은 깃발을 국기로 삼았고 그의 러시아 군대는 '붉은 군대'로 불려졌다. 그 붉은색은 그들이 타도해야 할 자본가들의 피를 상징하는 것이었다. 오늘날 우리 사회의 빨갱이 논쟁을 불러일으킨 몇몇 정치인들은 우리 사회 다중多衆(여기서 대중이라든가 민중이라는 말을 쓰지 않은 것은 이 생각에 반대하는 이들의 자리를 남겨두기 위함이다)이 지켜온 가치를 송두리째 부정하고 있다는 데서 비난을 받아 마땅하지만 그것을 기화로 온갖 매체들이 우르르 달려들어 융단 폭격을 하는 행태나, 단순한 메카시즘이나 마녀사냥으로 몰아가려는 이들의 모습도 짜증스럽기는 마찬가지다. 이 땅에서의 저주받은 빨강의 모습이다.

몇 해 전 그 소설 『내 이름은 빨강』을 읽으면서 잊었던 내 빨강의 기억들을 떠올렸었다. 초등학교 때 몇날 며칠을 졸라 어머니에게서 받아낸 돈으로 시내 문방구점까지 타박타박 눈길을 걸어가 서른여섯 색 왕자파스(열두 색짜리 크레파스가 고작이던 우리에게 그것은 황홀한 것이었다)를 사서 들뜬 마음에 뛰어오다가 눈 속에 묻혀 있던 돌부리에 걸려 넘어져 버렸다.

하얀 눈 위에 흩어진 색색의 크레용들 중 유독 빨간색이 선연하게 눈을 찔러 앞섶이 축축해지도록 오래 눈길 위에 엎드려 있었다. 최초의 빨강의 유혹이었다.

아마 초등학교 육학년의 초여름 오후였을 것이다. 마을 어귀의 포장이 안 된 신작로 길에 뿌연 먼지를 일으키며 합승버스가 멈추어 섰다. 그리고 한 여인이 내렸다.

'솔솔솔 오솔길에 빨간 구두 아가씨/ 똑똑똑 구두 소리 어딜 가시나'

그 시절 유행하던 남일해의 노래 속에서 막 튀어나온 듯한 빨간 구두와 초록 투피스, 초여름 오후의 먼지 속에서 그녀는 빛났다. 그녀가 어디서 왔는지, 어떤 연유로 개울가에 있던 내 동무의 집 옆방에 세 들어 살게 되었는지 아무도 몰랐고 어둠이 내리면 자전거 페달 소리와 함께 파나마 모자를 쓴 한 남자가 슬며시 스며들었다가 밤이 이슥하면 가 버린다는 불온한 소문만 밤안개처럼 마을을 떠돌았다.

요즘 텔레비전의 막장 드라마에나 나올 법한 사태가 벌어진 것은 공연히 그 동무의 집을 풀방구리 쥐 드나들 듯하며 보낸 여름이 끝날 즈음이었다. 그녀의 밤손님의 마누라님과 억센 동행들이 그녀에게 무지막지한 린치를 가하고 그녀의 살림살이들이 마당에 던져져 부서지는 걸 대문 옆 대추나무 그늘에 숨어 숨죽이며 지켜보았다. 그녀가 마을에서 종적을 감추고 나는 동무의 집 마당에 핀 맨드라미들 사이에 버려진 빨간 구두 한 짝을 발견했다. 그녀의 그 빨간 구두 한 짝을 어루만지며 문득 생각했던 것도 같다. 인생이란 때로 마당가에 주저앉아 맨드라미의 처연한 붉음에 눈길을 주는 일일지도 모른다고.

불운한 천재 화가 앙리 툴루즈 로트렉이 압생트 한 병을 얻어 마시고 포스터를 그려주었던 파리 몽마르트르의 물랭 루즈 Moulin Rouge(빨간 풍차라는 뜻이다), 이십년 전 그 술집을 찾았을 때 지붕의 빨간 풍차의 네온사인만 돌고 있었을 뿐 그 화려한 술집 어디에도 그 난쟁이 화가의 고독과 불행의 흔적은 찾아볼 수 없었다.

니콜 키드먼 주연의 뮤지컬 영화 〈물랭루즈〉에 나오는 노래의 한 대목이다.

'키스를 할 때면 언제나 묻고 싶어요/ 당신의 붉은 입술은 여기 있지만 당신의 마음은 어디 있나요Your lips may be here. But where is your heart?'

무섬, 물과 모래의 시간

영주시 문수면 수도리水島里. 무섬, 그 아득한 마을은 행정구역 주소의 무뚝뚝한 행간 그 너머에 있는 곳이다.

봉화에서 흘러온 내성천과 영주의 서천이 만나 휘돌아 흘러가는 곳에 섬처럼 떠 있는 그 마을의 역사는 350년 저쪽으로 거슬러 올라간다. 17세기의 중허리쯤 반남 박씨의 16세손 박수가 그곳으로 들어와 만죽재晩竹齋를 짓고 터를 잡아 입향시조入鄕始祖가 되고 백년이 채 못 되어 선성 김씨가 들어와 두 성씨의 사람들이 사돈도 맺으면서 오순도순 살아가는 집성촌을 이루어 오늘에 이른다.

40년 전쯤 그 마을에 제방이 축조되기 전에는 마당 앞까지 고운 모래밭이 펼쳐지고 강물이 그 모래밭을 휘돌며 흘러갔다.

'엄마야 누나야 강변 살자/ 뜰에는 반짝이는 금 모래빛/ 뒷문 밖에는 갈잎의 노래/ 엄마야 누나야 강변 살자'

김소월이 노래했던 그 꿈같은 풍경이 아마 그랬을 것이다. 그 마을에 대한 내 기억은 마흔다섯 해 저쪽까지 흘러간다. 중학교 때 우리 반에 무섬이 집인 친구가 있었다. 장난기 많고 늘 유쾌했던 친구였다. 그에게서 그 마을 이름을 처음 들었다. 여름 어느 날 그 친구의 손에 이끌려 처음 찾은 그 마을은 고즈넉한 평화였다. 어스름이 내려앉던 드넓은 모래밭에 앉아 잘그락 잘그락 모래를 적시며 흘러가던 물소리를 듣노라면 어느새 어둠이 내리고 후이 후이 밤새들이 휘파람을 불며 지나가는 사이로 반딧불이들이 꽃처럼 강변을 수놓았었다.

그 밤 이후 나는 그 마을을 한동안 다시 찾지 못했다. 중학교를 졸업하고 외지로 유학을 떠난 그 친구와 나는 헤어져 다시 만나지 못하고 십수 년의 세월이 흐른 뒷날 그 친구가 젊은 나이에 세상을 떴다는 소식을 어렴풋한 풍문으로 들었을 뿐이다.

건너편 머럼마을과 무섬마을을 연결하는 시멘트 다리가 놓인 것이 불과 서른 해 전쯤이다. 시멘트 다리가 생기기 전 이 마을 사람들은 물 위에 나무들을 얼기설기 엮어 다리를 만들어 들고 났다. 마을 사람들은 물 건너 마을에 있는 논밭으로 가기 위해 두엄을 지고 소를 앞세워 그 다리를 건넜고 새색시들은 꽃가마를 타고 그 다리를 건너 시집 왔다가 꽃상여를 타고 그 다리를 건너 마지막 길을 떠나갔다.

몇 해 전부터 해마다 가을이면 이 마을에서 '외나무다리 축제'가 열린다. 옛 사람들이 그 다리를 들고 나던 모습을 재현하는 행사다. 이제는 까마득하게 잊었거나 잊혀져 버린 소통의 모습을 우리는 그 다리에서 본다. 그 마을을 찾은 사람들이 고즈넉한 모래밭과 흘러가는 물 위의 호젓한 외나무다리의 기억을 가지고 돌아가는 것은 350년이라는 박제된 시간이 아니라 영겁의 세월을 흘러오고 흘러가는 시간의 비밀에 이끌리기 때문일 것이다. 그러나 여기까지다. 여기에서 그쳐야 한다.

지난 주말, 무섬을 찾았다. '무섬 아트 페스티벌'이라는 게 열리고 있기 때문이었다. 고즈넉해야 할 모래밭이 수많은 사람들로 북적이고 확성기 소리가 마을의 고요를 깨트리고 있었다. 무섬은 아트가 필요한 곳도 아니고 페스티벌과는 더 더욱 어울리는 곳이 아니다. 외로움과 고요함, 느림을 두려워 말라. 그것이야말로 우리 삶의 비밀스런 결을 어루만지는 일이기 때문이다. 모래 위에 찍힌 발자국은 고적한 시간과 추억의 기호이다. 그날 그 무섬 모래밭에 어지럽게 찍힌 발자국들에는 무엇이 담겨 있을까?

무섬. 그곳은 물과 모래의 시간이다. 우리 삶의 어느 한때, 우리를 끝없이 조바신하게 히고 우리를 끝없이 부대끼게 하고 우리를 끝없이 욕망하게 하는 삶의 시간들로부터 빠져나와 무섬,

그 물과 모래에게 가야 한다. 그리고 느릿느릿 흘러가는 그 물가 모래 위에 앉아야 한다.

무섬에 와서 보니 알겠네
메마른 눈짓이었을 뿐이었노라 떠나보낸 시간들이
여기 켜켜이 모래로 쌓이고
물길이 되어 흐르고 있었다는 것을

둘 데도 놓을 데도 없이 정처 없는 마음자리일 때
하도 외로운 발길이 하릴없이 물가로 향할 때
여기
그리움이 먼저 와 기다리고 있었다는 것을
무섬에 와서 보니 알겠네

백 년의 별빛이
해우당海愚堂 지붕에 와송瓦松으로 피어나고
천 년의 달빛이
물 위에 안개다리를 짓는
그 아득한 적멸寂滅 속에서도
나는 너의 웃음에 눈 감고
너의 눈물을 가두었다네

그러나, 오늘, 나
무섬에 와서 보니 알겠네
저물녘이면 강물도 모래와 더운 숨결로 몸을 섞고
밤새도 더러는 물을 건너 숲으로 가 뒤척인다는 것을

떠날 때는 돌아오지 않을 것을 다짐하지만
덧없이 흐르는 이 물가에 앉으면
그 눈빛 글썽이며 다시 돌아와
너를 생각하네
오늘, 무섬 이 모래 둔덕에 앉아

늦여름 산사山寺

초암사草庵寺가 '풀로 엮은 암자'라는 그 이름값의 절집으로 다가오려면 배점 호수 부근 어딘가 쯤이나 그 위 오래 전 문을 닫은 분교 옆 주차장에 차를 버리고 걸어 올라야 한다. 지금은 시멘트로 포장이 되어 그 맛이 덜해졌지만 깨꽃들이 피어난 겸손한 밭뙈기들과 강낭콩 붉은 꽃이 울타리를 기어오르는 길 옆 과수원에서 익어가는 푸른 사과들로 초암사 가는 길은 여전히 정겹고 호젓하다.

국망봉 어름에서 발원한 물은 북쪽으로 길을 잡아 단양을 거쳐 한강으로 흘러가고 남쪽으로 내려 죽계수를 이루며 낙동강으로 흐른다. 놀기 좋아하던 옛 사람들이 그 맑은 물이 흐르는 골짜기들을 아홉 골로 나눠놓아 죽계구곡竹溪九谷이라는 이름이 낭랑한 물소리와 함께 오늘에까지 전해 오고 있다. 기암괴석 사이로 흘러내리는 써늘한 죽계의 물소리는 이마와 잔등에 배인 땀과 함께 머릿속의 삿된 생각들까지 멀찌감치 밀어내 버린다. 불국토佛國土에 오르기 전에 세상 먼지를 털어내는 청정淸靜 의례일까?

부석사를 창건하기 전 의상대사가 초막을 지어 머물렀다고 해서 초암사라는 이름을 갖게 되었다는 이 절집은 소백산 국망봉 아래 아늑하고 청정한 부처의 나라를 이루고 있다. 무너져 흔적만 겨우 남은 절터에 삼십여 년 전 비구니 보원寶元스님이 중창해 오늘에 이르고 있다.

출가하기 전 결혼해 네 자녀까지 두었었다는 스님은 소실을 들여앉히고 자신을 홀대하는 남편을 아랑곳하지 않고 자녀들을 잘 키워 시집장가 보내고 집안도 일으키며 갖은 노고를 마다 않다가 환갑날 잔칫상 앞에 모인 자녀들과 친지들 앞에서 출가를 선언하고 홀연히 속세를 버리고 산문山門에 들었다고 한다. 몇 해 뒤 이곳에 터를 잡은 스님은 수십 리 길을 마다 않던 부지런한 탁발과 불사佛事로 오늘의 초암사를 이루었고 재작년 100세가 되던 날 아침에 생일상을 받고 미역국 한 그릇을 흡족히 마시고 편안히 열반에 들어 소백산의 전설이 되었다.

남들은 생각과 마음이 오롯해져 흔들리지 않는다는 불혹不惑의 나이에 미혹迷惑에서 도무지 헤어나지 못해 늦여름의 어느 날 그 절집 요사寮舍채에 들어 며칠을 보낸 적이 있다. 지금의 웅장한 대적광전과 삼성각과 번듯한 요사채는 그때는 아직 지어지지 않았고 겸손한 대웅전과 ㄱ자로 지어진 초라한 요사채만 늦여름 산중의 적막을 지키고 있었다.

요사의 앞뜰에서 시작해 삼층석탑과 두 개의 부도浮屠를 지나면 비스듬히 경사를 이루며 고추며 참깨 등속의 온갖 남새들이 자라는 채마밭이 있었고 몇 그루의 해바라기가 마지막 불볕을 받으며 씨앗들을 익히고 있고 나팔꽃들이 낮게 쌓은 돌담 위로 지친 줄기들을 기대어 놓은 곳에 사람 하나가 겨우 누울 수 있는 호젓한 선방 하나가 있었다. 그 절에 잠시 몸을 의탁했던 학승이나 행자가 대충 얽어 지어 놓은 듯 기둥이며 지붕, 벽, 문짝 하나 반듯한 것이 없었다. 문살의 창호지는 발라져 있다기보다는 몇 조각 겨우 붙어 있을 뿐이고 문지방은 아예 남아 있지도 않고 들고 날 때 흙벽돌의 잔해만 푸석이며 부서졌다. 아침에 그 방문을 열면 눅눅한 습기가 확 끼쳐오면서 어울리지도 않는 비닐 장판 위에 죽어 있는 날파리며 노린재들의 시신들이 여기저기 널려 있었다.

벌레들의 주검을 대충 쓸어내고 결가부좌로 써늘한 방바닥에 앉는다. 눈에서 빛을 몰아내고 귀에서 소리들을 모아 내고 머리에서 생각들을 몰아낸다. 완전히 비워 내는 것이 가득 채우는 것. 눈에서 귀에서 빛과 소리들을 지우는 것은 어쩌면 쉬운 일이다. 머릿속에서 생각들을 지우는 것도 좀 더 힘들기는 하지만 그래도 쉬운 일이다. 그러나 다리며 등이며 가슴, 겨드랑이로 기어오르는 개미들과 벼룩 등속의 자잘한 벌레들이 만들어 내는 그 빌어먹을 스멀거림과 눅눅한 벽을 타고 기어오르는 다족류多足類의 근지러운 촉수들이 살갗에 돋게 하는 뾰족뾰족한 소름으로부터는 도무지 벗어날 길이 없다. 육신의 까탈스러움은 산속까지 따라와 나를 놓아 주지 않는다.

무념무상의 문턱조차 넘을 수 없는 비루한 몸을 이끌고 물가로 가 앉아 물소리에 귀를 기울인다. 천년을 닳아 반들반들해진 바위들을 타넘으며 흘러내리는 계간수 위에 성급하게 떨어진 물푸레나무 잎들이 마지막 인사처럼 손을 흔들며 떠가고 있다. 우리 마음 마를 데까지 말라 버린 어느 저녁에 내리는 빗소리가 천상天上의 음악이라면 산중의 물소리는 지상地上의 음악이 아니랴? 한 며칠 물가에 앉아 그 소리를 듣다 보니 이제는 제법 그 물소리 속에서도 대웅전 처마 끝에 매달린 풍경 소리라든가 선방에서 들리는 스님의 염불 소리, 나무들을 흔들어 놓고 떠나는 바람소리들을 가려들을 수 있는 선음選音의 경지에 이른 게 아닌가 하는 방자한 생각이 그나마 위로가 되어 돌아와 적막한 산사의 댓돌에 앉아 밤을 기다린다. 곧 가물가물해져 가는 국망봉 꼭대기가 함지박처럼 엎질러져서 어둠이 쏟아져 내리고 등성이에 어둑하게 서 있는 소나무, 잣나무들의 어깨 위에 여러 개의 별들이 걸린다. 여인의 눈썹 같이 어여쁘고 새초롬한 초사흘 달이 혼자 먼 길을 가고 있고 그렇게 그 해 늦여름 산사山寺의 밤은 깊어가곤 했다.

이십 년 뒤 다시 그 절집으로 오르는 길에서 생각해 본다. 그 늦여름, 나는 그 산사에서 무언가를 내려놓고 떠나온 것일까, 아니면 또 다른 무언가를 덕지덕지 들쳐 업고 내려왔던 것일까? 하루 종일 독경讀經을 하시면 고되지 않느냐는 물음에 "산속의 중이 노는 입에 염불이나 하지 뭐해?"라며 말갛게 웃으시던 노스님이 가 계신 그곳에서도 이 낭랑한 물소리가 들리실까?

이제 곧 이 길에 빼곡히 들어찬 나무들 사이로 떠나는 이의 옷자락만큼만 보이는 국망봉 꼭대기로부터 울긋불긋 단풍들이 달려 내려올 것이고 그렇게 또 이 산사에는 가을이 깊어갈 것이다.

섬으로부터의 편지

어린 시절부터 홀로 기차를 타고 아무도 모르는 외딴 간이역에서 내리는 꿈을 꾸곤 했습니다. 아무것도 씌어 있지 않은 백지 앞에 앉는 순간, 읽고 싶었던 책의 첫 페이지를 넘기는 순간, 뒷모습으로만 서 있던 여인이 문득 뒤를 돌아보는 순간 같은 그런 느낌으로 여행과 떠남에 대한 동경은 시작되었나 봅니다.

호젓하고 외로운, 무엇보다 아무도 나를 알지 못하는 익명匿名의 공기는 달콤합니다. 실제의 자신보다 더 근사해 보이거나 실제의 자신보다 더 한심해 보일 수도 있는 익명의 유혹은 우리를 자유롭게 합니다. 여행은 자신으로부터의 도피일 수 있습니다. 그러나 무엇으로부터의 도피는 언제나 그 무엇의 실체를 더 또렷하고 정확하게 보여줍니다. 그리하여 결국은 자신을 되찾게 해주는 것이 여행의 미덕일 것입니다. 여행의 목적은 결국 '돌아오는' 것이기 때문입니다.

지난여름은 유난히 더웠습니다. 몸도 마음도 지쳤습니다. 하늘의 구름이 높아져 가물가물 풀어지고 바람결이 제법 선듯해진 아침, 그 여름을 건너온 나를 위로해 주고 싶었습니다. '열심히 일한 당신, 떠나라' 라는 광고 카피를 들을 만한 자격까지는 아니더라도 '40년 만' 이라는 지독한 더위로 지친 심신이 위로받을 만하다는 핑계로 배낭을 꾸렸습니다.

학교 시절 읽었던 허만 멜빌의 소설 『모비딕(백경, 白鯨)』의 첫 장에 나오는 이스마엘의 독백은 오랜 세월 나를 유혹해 왔습니다. '내 영혼이 깊은 가을빛으로 물들 때면 나는 언제나 바다로 떠나고 싶었다.' 내 여행지는 언제나 바다였습니다. 소년이었을 때 바다를 처음 본 그 순간부터 바다는 내 속에서 동경과 그리움으로 출렁대고 욕망과 절규로 일렁이며 한숨과 탄식으로 뒤척였습니다. 그렇게 끝없이 출렁이며 기슭으로 와 부서지면서 바다는 나를 유혹해 왔고 미지의 심연에 대한 끝없는 동경으로 바다로 떠나곤 했습니다.

그 섬을 떠올린 것은 뉴스의 행간에서 튀어나온 '40년 만' 이라는 말 때문이었을지도 모릅니다. 울릉도. 그 섬을 찾았다가 눈보라와 풍랑에 발이 묶여 보름 가까이를 미물렀던 스무 살의 겨울 이후 벌써 40년의 세월이 흐른 것입니다. 40년 전 그 겨울에는 포항에서 작은 배를 타고 뱃멀미에 시달리며 열 시간에 가까운 바닷길을 건너야 했지만 묵호항에서 탄 쾌속 여객선은 세 시간 남짓을 달려 그 섬에 닿았습니다.

오래 전 그 섬은 가파른 산길만 나 있어서 자동차는 말할 것도 없고 몇 대 있던 자전거조차도 장식품에 지나지 않았었습니다. 그야 말로 '바퀴 제로'의 선경仙境과 같은 땅이었습니다. 그러나 선착장이 가까워지면서 시야에 들어온 도동항의 풍경은 내 기억 속에 저장되어 있던 그 스산하고 쓸쓸했지만 고즈넉하고 정겹던 모습이 아니었습니다. 선착장은 수많은 관광객들로 붐비고 자동차들의 경적 소리와 식당이나 민박집 사람들의 호객 하는 소리들로 아수라장이나 다를 바가 없었습니다.

그렇게 그 섬에서의 첫날은 충격과 실망으로 시작되었습니다. 몇 해 전 이런 글을 쓴 적이 있습니다.

'삼십 수년쯤 되었을까, 정동진을 지난 일이 있습니다. 그때의 내 느낌은 그저 적막하다는 것, '라면'이라는 붉은 글씨가 도드라져 보이는 나무판자가 바닷바람에 덜렁거리고 있는 주막 옆을 비둘기호 열차가 지날 때는 더 쓸쓸해 보인다는 것, 그뿐이었습니다. 그 쓸쓸하고 적막한 해변의 모래톱에 호뭇이 오래 앉아 있었습니다. 몇 해 전 다시 정동진을 찾았는데 그 아름답던 해변에 도시 한복판의 자본주의를 한 삽 폭 떠다 부어 놓은 모습이라니. 기억 속의 아름다운 곳 하나를, 두고두고 그리

워할 수 있는 곳 하나를 잃어버리고 돌아오는 길이 허전했습니다.'

그때의 그 느낌이 고스란히 데자뷰deja vu(기시감旣視感)가 되어 되살아나 울릉도의 첫날은 허전함으로 시작되었습니다.

그러나 다행히도 세상에는 잃는 것이 있으면 얻는 것이 있다는 평범한 진리를 깨닫는 순간은 금세 찾아왔습니다. 오후에 그곳에 살고 있는 지인의 자동차로 둘러본 그 섬의 한갓진 곳들은 신비롭고 고즈넉한 태곳적의 속살을 그대로 간직하고 있었습니다. 찻길이 뚫리지 않았다면 누릴 수 없거나 아주 조금만 누릴 수 있었던 호사였을 것입니다.

'면적 72.56평방킬로미터, 해안선 길이 56킬로미터, 인구 만 명, 512년 지증왕 때 장군 이사부에 의해 신라에 복속됨' 같은 지리적, 역사적 지식들은 여행의 본질이 아닐 것입니다. 그곳에서 만나는 사람들과 풍경들이 여행의 진수일 것입니다. 내수전이라는 이름의 한갓진 동네의 외딴집 작은 마당 귀퉁이에는 금잔화들이 무리지어 피어 있었고 울타리를 기어오른 오이 넝쿨이 빨랫줄에 널린 앙증맞게 노란 아기 옷들과 함께 말라가고 있었습니다. 바다 멀리 외딴섬의 이 후미진 곳에서도 누군가는 태어나고 삶은 이어져 가고 있었던 것입니다. 갑자기 도동항의 아수라장을 보고 일어났던 분노와 실망이 부질없어졌습니다. 아우성 속에서도 어디에서든 삶은 계속되어야 하는 것이었습니다.

여행의 절정은 셋째 날 부슬부슬 내리는 비와 함께 찾아왔습니다. 도동에서 저동으로 통하는 바닷길에서였습니다. 화산암으로 이루어진 기암괴석들에 부딪치는 파도 소리가 귀를 먹먹하게 했지만 바다와 바윗길이 이루어 내는 장관은 이 세상의 것이 아니었습니다. 작은 포장마차에서 머구리가 직접 따온 소라와 성게를 놓고 소주를 시켰습니다. 파도가 거세어지는 먼 바다를 보며 중늙은이 포장마차 주인은 남쪽에서 올라오는 태풍 때문에 적어도 내일과 모레 이틀 동안은 배가 뜨지 않을 거라고 걱정스럽게 일러줍니다. 내일은 꼭 이 섬에서 나가야 하는데…… 조바심하는 지금의 내 모습이 풍랑과 눈보라에 묶여서도 느긋하게 눌러앉던 스무 살의 내 모습과 겹쳐집니다. 젠장. 청춘으로부터 멀어진다는 것은 무모함으로부터 멀어지는 일일지도 모릅니다.

비에 취하고 바다에 취했지만 아침 소주는 머릿속의 생각들을 오히려 더 명징하게 했습니다.

3부 바람이 분다, 살아야겠다

첫사랑

가을, 쓸쓸함

해바라기

머나먼 다리

구름에 달 가듯이

치명적 여인들

붉은 노을

키스

야성의 시대는 갔는가?

낙엽

감자를 먹으며

시詩

고향

가을의 유혹

바람이 분다, 살아야겠다

첫사랑

그 풋풋하고 싱그럽던 시절이 정말 우리에게 있었던 것일까? 가지에 앉은 새만 봐도 웃음이 나고 뜨락에 핀 꽃만 봐도 한숨이 나던 그 아련한 날들이 우리에게 정말 있었던 것일까? '그 기쁜 산골 물소리' 같던 첫사랑의 시간들은 정말 있었던 것일까?

그 시절 우리 가슴은 스펀지 같아서 사랑이라는 연한 초록물이 속절없이 스며들었었다. 그 시절의 우리 가슴은 힘주어 당긴 활줄 같아서 스치고 지나가는 바람결에도 피융 피융 소리를 내며 떨리곤 했었다.

부정적 사랑의 정의定意, 이를테면 '사랑의 신 에로스는 세상에서 가장 아름다운 여신 비너스와 가장 흉측한 얼굴을 한 전쟁의 신 발칸에게서 태어나 아름다움뿐만 아니라 추악함도 함께 가지고 있다' 라든가 '사랑이란 욕망의 강에 사는 악어일 뿐' 이라든가 '사랑을 하면 간혹 현명해질 수 있지만 현명해지면 사랑을 할 수 없다' 라든가 하는 불온한 사랑의 정의들이 끼어들 틈이 전혀 없었다. 유치하고 불완전하고 때로는 무모했지만 그지없이 순수했으므로 첫사랑의 시간들은 오랜 세월이 흘러도 지워지지 않는다. '순아 너는 언제 내 전殿에 들어왔던 것이냐' 라는 윤동주의 시에서처럼 우리는 첫사랑을 영원히 허물어지지 않을 추억의 성전聖殿에 남겨 두는 것이다.

영국의 작가 K. 제롬은 '사랑은 홍역과 같아서 누구나 그걸 겪어야 하고 단 한 번만 겪는다Love is like the measles ; we all have to go through it and we take it only once' 고 했다. 큐피드는 같은 가슴에 화살을 두 번 쏘지는 않는다는 것이다. 그의 말이 일리가 있는 것이라면 홍역이란 주로 어릴 때 앓는 것이므로 그 단 한 번의 사랑은 첫사랑을 말하는 것이리라. 사랑이란 홍역과 같아서 나이 들어 걸리면 볼썽사나워진다는 오래된 서양 속담도 있는 터이다.

나이 서른에 벌써 '잔치는 끝났다' 고 선언한 시인 최영미가 그 시를 읽고 모든 다른 시들을 잊고 싶었다고 토로했던 김기림의 시 「길」의 한 대목이다.

'내 첫사랑도 그 길 위에서 조약돌처럼 집었다가 조약돌처럼

잃어버렸다'

그렇다. 우리 삶에서의 첫사랑은 길 위에서 주웠다가 버린 돌멩이처럼 그 대상도 분명치 않고 오는지도 모르게 가버렸거나 아프지만 달착지근한 혼자사랑이었을 공산이 크다. 그러므로 첫사랑의 역사는 불완전한 기억의 짝사랑의 역사인 것이다.

희미한 내 첫사랑의 기억도 그랬다. 하얀 얼굴에 눈이 크고 왼쪽 입가에(오른쪽이었던가?) 작은 점이 있던 그 여선생님이 가정 방문을 오시던 날 얌전을 부리시느라 스커트 아래로 드러난 무릎을 손수건으로 가지런히 덮고 어머니와 얘기를 나누고 계셨고 수줍어 한 마디도 못하던 나는 손수건에 그려진 장미꽃들만 세고 있었다. 그 하얀 손수건을 수놓았던 장미꽃들의 수효(아홉 송이였다)와 식혜를 마시다 재채기를 해서 마주앉은 어머니 얼굴을 온통 밥알로 뒤덮어 얼굴을 붉히며 쩔쩔매시던 모습까지 그 후로도 오랫동안 내 기억 속에 그리움으로 남아 있었다. 나도 그렇게 누군가의 가슴에 남은 첫사랑이었을까?

오스카 와일드가 그랬다. 남자는 언제나 여자의 첫사랑이 되려고 하고 여자는 늘 남자의 최후의 사랑이 되려고 한다고. 특히 남자들은 첫사랑을 잊지 못한다. 오래 전 어느 작가의 콩트에서 읽은 이야기다.

오매불망 첫사랑을 잊지 못하는 남자가 있었다. 술만 마시면 친구에게 그녀에 대한 애틋한 그리움을 토로하며 먼발치에서

라도 꼭 한 번만 만나봤으면 좋겠다고 버릇처럼 말하곤 했다. 그러던 그가 언제부턴가 첫사랑 얘기를 입 밖에도 꺼내지 않게 되었다. 그 연유를 묻는 친구에게 들려준 그의 사연인즉슨 이러했다. 어느 날 기차를 타고 어딘가를 가다가 소변이 급해 화장실 문을 왈칵 열었더니 웬 여인이 황급히 아랫도리를 수습하며 일어나는데 바로 그 첫사랑이었다는 것이다. 첫사랑에 대한 아련하고 순수했던 환상이 산산조각으로 깨져 버린 순간이었다.

이런 글을 쓴 적이 있었다.

'강 건너 그 산 아래 마을에는 대여섯의 나지막한 지붕들이 옹기종기 정겹게 모여 앉아 있습니다. 요즘처럼 물이 줄어든 철에는 바지만 걷어붙이면 어찌어찌 건너볼 수도 있는 물이건만 이쪽 강둑에 서서 건너편을 그저 바라볼 뿐입니다. 그 건너편에는 저녁 하늘로 피어오르는 밥 짓는 연기도 보기 좋고 희부윰한 밤안개 사이로 보이는 몇 개의 불빛들은 전설처럼 아스라하기만 합니다. 탈탈거리는 농기구 소리와 저쪽 둑에 매어놓은 염소의 매애애 하는 소리가 강을 건너오기도 하고 머리에 수건을 쓴 아낙이 빨래를 하며 옛날처럼 앉아 있기도 합니다. 산 사이 놀 속으로 쏘옥 빨려들 듯 숨어 버리는 작은 길도 보입니다. 나는 그 강 건너 마을에 가 보지 않을 것입니다. 세상에는 아무리 가 보고 싶어도 가 보지 않은 곳 하나쯤은 남아 있어야 한다는 걸 알고 있기 때문입니다. 피안彼岸은 피안으로만 남아 있어야 한다는 것. 몇 개의 불빛들이 전설처럼 아스라해 보이는 것도 산 사이로 나 있는 작은 길이 놀 속으로 꽁꽁 숨어 버리는 것도 그게 강 건너 저편에 있기 때문이라는 걸 알고 있습니다. 나는 강 건너 마을에 가보지 않을 것입니다. 이쪽 강둑에 서서 치잣빛 놀이 지는 그리운 건너편을 그저 바라보기만 할 것입니다.'

그렇다. 세상에는 아무리 가 보고 싶어도 가 보지 않은 곳 하나쯤은 남아 있어야 하고 그게 첫사랑이 있는 그곳일지 모른다. 남자들이여, 행여 첫사랑을 만나려 하지 말라!

새라 티즈데일의 시다.

'나는 첫사랑에게 웃음을 주었고 두 번째 사랑에게는 눈물을, 마지막 사랑에게는 깊고 깊은 침묵을 주었다네'

우리는 그게 눈물이든 웃음이든 깊고 깊은 침묵이든 서로 주고받아야만 살아지는('살아가는' 이 아니라) 것인가?

가을, 쓸쓸함

가을 아침은 안개에 싸여서 온다. 강에서, 야트막한 산의 골짜기들에서, 논물에서 스멀스멀 피어나온 안개가 남쪽으로 난 창을 가득 채우며 가을 아침은 희부윰하게 다가온다.

벼 포기들 위에서 잠자리와 메뚜기들이 날개에 내린 차가운 아침 이슬로 오소소 떨고 있고 지상의 모든 푸른 것들은 곧 닥쳐올지도 모를 된서리를 숨죽이며 기다리고 있다. 어디선가 안개를 토해 내듯 희미하게 산비둘기가 울고 울타리 근처에 코스모스들이 자욱한 안개 속에 피어 있다. 아, 안개 속에 흔들리는 저것들은 코스모스일까, 안개꽃일까? 가을은 이렇게, 본질과 현상의 경계를 아무렇지도 않게 허물면서, 무엇보다 아름다움과 쓸쓸함의 경계를 허물어 놓으면서 우리에게 온다.

가을이 오면 지구는 우주의 가장 한갓진 변방으로 홀로 떨어져 나와 고독한 별이 된다. 지금 혼자인 사람은 언제까지나 혼자일 것이라고, 한밤중에 눈을 떠 긴 편지를 쓸 것이라고, 나뭇잎이 떨어질 때 그 길 위를 불안하게 걸어다닐 것이라고 릴케는 그의 시 「가을날」에서 우리를 사뭇 위협하고 있지만 겁먹지 말라. 어떤 시인은 '외로우니까' 사람이라고 말했다지만 '외로워야 비로소' 사람인 것이다. 나무들이 잎을 다 떨어트리고 수액樹液을 깊은 고독 속에 잠재우며 가을과 겨울을 나야 굳은살의 나이테가 생기듯 사람도 가을의 고독을 견디면서 깊어지고 성숙해지는 것이다.

무언가를 가장 잘 견디는 것은 그것을 즐기는 일이고 가을이 베푸는 고독을 가장 잘 즐기는 방법은 홀로 길을 나서보는 것이다. 함께라면 그가 준비할 때까지 기다려줘야 하지만 혼자라면 언제든 떠날 수 있지 않은가? 뜰 한구석에서 맨드라미와 사루비아들이 그것들의 마지막 붉음에 겨우 기대어 서 있다. 한여름의 타오르는 붉음이 아니라 잉걸불처럼 희미하게 사위어가기를 기다리는 스산한 붉음이다. 쓸쓸하다.

집 앞을 흐르는 강으로 난 길을 나서본다. 냇물이라고 부르기에는 크고 강이라고 부르기에는 작은 그 물가를 굳이 강이라고 불러야 하는 것은 바야흐로 가을인 까닭이다. 박재삼이 노래하지 않았던가?

'마음도 한 자리 못 앉아 있는 마음일 때/ ……/ 해질 녘 울음이 타는 가을 강을 보겠네/ 그 기쁜 첫사랑 산골 물소리가 사라지고/ 그 다음 사랑 끝에 생긴 울음까지 녹아나고/ 이제는 미칠 일 하나로 바다에 다 와가는/ 소리 죽은 가을 강을 처음 보겠네'

강으로 가는 길에는 쑥부쟁이며 구절초들이 피어나기 시작이다. 소슬히 피어난 그것들은 '들국화' 라는 호젓한 이름으로 불러야 한다. 감국, 산국, 쑥부쟁이, 벌개미취, 구절초……. 가을 들판에 피어나는 그 꽃들은 저마다의 이름들을 가지고 있지만 그냥 싸잡아서 들국화라는 이름으로 불러줄 때가 더 정겹다.

강은 속으로 울며 흘러가고 숙어진 쓰르라미 소리를 실어오는 산바람은 보랏빛 싸리 꽃을 분분히 떨어트려 그 강물 위로 떠나보내고 있다. 허연 울음이라도 게워내듯 건너편의 갈대밭이 흔들린다. 신경림의 시처럼, 갈대는 모를 것이다. '저를 흔드는 것이 제 울음인 것을, 산다는 것이 그렇게 속으로 조용히 울고 있는 것' 이라는 것을 저 갈대는 모를 것이다.

모래 위에 남겨진 물새 발자국들이 철 지난 바닷가처럼 쓸쓸하다. 어느 먼 곳으로부터의 기별을 기다리는 외로운 안테나 같은 그 작은 발자국들을 하릴없이 따라가 본다. 아, 그러나 발자국이란 누군가 '거기 있었음' 의 기호이기도 하지만 '자취도 없이 사라짐' 의 기호이기도 한 것을. 그 물가의 모래 위에 한

자락 스산한 노래를 남기고 돌아오는 쓸쓸한 가을 저녁이다.

저무는 가을강가에 서면 알게 되리
어둠이란 얼마나 빨리 오는 것인가를

갈대숲 저 편 가장 적막한 곳
수런수런 풀벌레 소리로 깨어나기 시작하면
저녁 바람에 떨어진 몇 이파리 꽃 그림자를 싣고
강물은 홀로 어두워지며 흘러가리

원하노니 사람아
저 강처럼 저물거라
내 진정 내가 가진 가장 순정한 것으로
그를 사랑한다면
한 올의 미련도 없이 놓아주어야 하리
저녁 산이 노을을 가만히 놓아주듯이
모래밭이 산 그림자를 그만 놓아주듯이

저무는 가을강가에 나와 서면 알게 되리
한갓 삶이란 때로는 무정하게 잊혀지면서
저 강처럼 상실 속에 흘러가야 한다는 것을

해바라기

해바라기는 여름꽃이라 하겠지만 꽃의 한 생애로서의 절정을 이루는 때는 햇볕이 아직은 따가운 초가을의 하오下午이다. 해바라기는 그것의 터무니없이 큰 키와 화륜花輪으로 다른 꽃들과는 어울리지 못하고 밭 언저리나 울타리 부근, 혹은 무너진 돌담 너머로 그 노란 얼굴을 가을 햇살에 내맡기고 서 있다.

태양의 신 아폴론을 짝사랑하던 요정妖精 크리스티가 그가 불 수레를 끌고 동쪽 하늘에서 출발해 서쪽 하늘로 사라질 때까지 숨어서 줄곧 바라만보다가 죽어서 해바라기가 되었다고 신화는 전한다. 해바라기의 학명은 helianthus로 라틴어 helios(태양)와 anthos(꽃)로 이루어진 합성어라고 한다. 그것의 한자 이름 향일화向日花나 영어 이름 sunflower, 우리 이름 해바라기에서 엿볼 수 있듯이 해바라기는 일관되게 태양을 그 이름에 담고 있다. 신대륙에서 처음 본 그 꽃을 콜럼버스의 뱃사람들은 '인디언의 태양의 꽃' 이라고 불렀으며 지금도 중남미 여러 나라의 국화 노릇을 하고 있다.

네덜란드에서 파리로, 파리에서 아를로. 서른일곱 해의 짧았던 빈센트 반 고흐의 여정旅程은 태양으로 더 가까이 다가가는 것이었다. 그의 우울하고 폐쇄된 삶 속에서 남불南佛의 강렬한 햇볕은 구원과도 같은 것이었으리라. 태양의 열정과 생명력으로 그는 해바라기 그림들을 그렸다. 해바라기가 마치 이글거리고 있는 듯한 그 그림들 속의 화병에 그려진 'Vincent' 라는 사인을 볼 때면 언제나 돈 맥클린의 우울한 노래 '빈센트' 가 떠오르곤 한다.

'별이 빛나는 밤/ 파렛트를 푸른색과 회색으로 칠해요' 로 시작되는 그 노래는 그의 그림 〈별이 빛나는 밤〉을 소재로 한 게 분명해 보이지만 읊조리는 듯한 그 노래가 '내 영혼에 깃든 어둠을 알고 있는 그 눈으로/ 여름날을 바라봐요' 에 이르면 늘 해바라기를 떠올리게 된다.

그의 유일하고 변함없는 우군友軍이요 동지였던 동생 테오에게 '인생의 고통은 살아 있다는 그 자체' 라는 편지를 남기고 '까마귀가 나는 밀밭(그의 그림 제목이기도 하다)' 에서 리볼버 권총으로 서른일곱 해의 생을 마감하고 그는 떠났다. 그리고 열두 점의 해바라기 그림을 남겼다. 김창완은 그의 노래 〈해바라기가 있는 정물〉에서 '그린 이는 떠났어도 너는 아직 피어 있구나' 라고 고호와 해바라기를 노래하고 있다.

소피아 로렌을 아는가? 큰 눈과 도드라진 광대뼈와 도발적인 입술의 그 이탈리아 여배우를 아는가? 〈자전거 도둑〉의 거장 비토리오 데 시카 감독의 영화 〈해바라기〉에서 그녀는 빛났다. 러시아 전선으로 간 갓 결혼한 남편을 찾아 광활한 우크라이나 대륙을 헤매는 그녀의 여정이 기찻길 옆으로 끝없이 펼쳐진 해바라기 밭을 배경으로 눈물겹다. 기차에서 내려 거대한 황금색 물결의 해바라기 밭을 보고 있는 그녀에게 누군가 말한다. 많은 이탈리아 병사들이 죽어서 묻힌 곳이라 해바라기가 더 무성해졌다고.

그러나 그녀의 남편은 살아 있었고 어렵사리 찾아간 그는 기억상실증에 걸려 다른 여자와 아이까지 낳고 살고 있다. 기억을 되찾은 그가 그녀를 찾아 돌아오지만 이제는 그녀도 다른 남자와 결혼해 딸아이까지 있고……. 그를 태운 기차는 다시 떠나가고 그것을 바라보는 그녀의 눈에 눈물이 흐르면서 헨리 맨시니(〈티파니에서 아침을〉에서 오드리 햅번이 부르던 〈Moon River〉도, 〈달링 릴리〉의 〈집시 바이얼린〉도 만든 영화음악의 거장이다)의 '잃어버린 사랑Loss of Love' 이 사랑을 잃은 그녀와 끝없이 펼쳐진 해바라기 밭 위를 구슬프게 흘러가며 인생유전人生流轉의 덧없음을 장엄하게 말해 준다.

우리 영화 〈해바라기〉에는 '술 마시지 않기, 싸우지 않기, 울지 않기'라고 쓴 작은 수첩 하나를 들고 출소한 상처 입은 젊은 영혼 태식이 있다. 자신이 실수로 죽인 친구의 어머니와 여동생이 있는 '해바라기 식당'에서 그들의 아들과 오빠로 살아가려는 그의 꿈은 이루어지지 않는다. 어떤 사람들의 삶에서는 가장 소박한 꿈조차도 허용되지 않는다는 사실을 그 영화는 섬뜩하게 보여준다. 폭력으로 얼룩져 있음에도 불구하고 그 영화가 아름다운 것은 '해바라기'라는 그 제목이 의미하는 바의, 현실에서는 이뤄지지 않더라도 결코 포기하거나 버려서는 안 되는 꿈에 대해서 일관되게 이야기하고 있기 때문일 것이다.

지난 해, 공공근로 하는 분들이 냇둑 가득 심어 놓았던 해바라기들이 올해는 잡초들 등쌀에 겨우 서너 포기만 선황색鮮黃色의 꽃들을 피워 놓고 서 있다. 둑길에 서서 서늘해진 강바람에 흔들리며 서 있는 그 꽃들을 바라보다가 입 밖으로 새어나온 싯귀詩句였다.

'조락凋落의 처절한 눈망울로 고개를 비틀고 선 해바라기여'

머나먼 다리

안개가 창을 가득 채우는 가을 새벽이면 아득하게 떠오르는 머나먼 다리가 있다. 확인해 본 바는 없지만 동양에서 제일 높다고 하는, 그래서 그 위에서 침을 뱉으면 애국가를 사절까지 불러야 물 위에 닿는다고 우스개도 하던 그 유선형의 다리는 동부 전선의 전방과 후방을 연결하는 중요한 보급로였고 나는 그 다리를 적기敵機의 공습으로부터 지켜내야 하는 방공 포병이었다.

강 양쪽 기슭에서 우르르 몰려 내려온 울긋불긋 산그림자가 물 위에 누워 있던 그 가을의 소양강은 쓸쓸했다. 은방울 자매의 '밤 깊은 마포 종점 갈 곳 없는 밤 전차/ 비에 젖어 너도 섰고 갈 곳 없는 나도 섰다' 를 연기처럼 날리며 내설악 단풍 구경을 나선 사람들을 태우고 하루에 두어 차례 다리 아래로 지나가는 유람선을 빼면 그 다리는 강물 위에 적막한 그림처럼 드리워져 있었다.

안개가 천지에 가득한 깊어질 대로 깊어진 가을 새벽 그 다리 난간 위에 놓여 있던 윗마을 처녀의 하늘색 운동화를 발견했을 때는 영화 〈애수哀愁〉의 워털루 다리를 생각했고, 북한군이 미군들을 공격한 이른 바 '판문점 도끼 만행 사건' 이 있고 나서 북으로 올라가며 우르릉 우르릉 끝없이 이어지는 탱크들의 캐터필러 소리가 다리를 울리던 날 밤에는 콰이강의 다리와 영화 〈머나먼 다리A Bridge Too Far〉의 에른하임 다리를 떠올렸었다.

아마도 우리나라 옛 영화 팬들을 가장 많이 울렸을 영화 〈애수〉(원래의 제목이 〈Waterloo Bridge〉이던 그 영화에 '애수' 라는 제목을 붙인 이는 누구였을까?)는 안개 자욱한 워털루 다리 위에 로버트 테일러가 탄 지프차가 멈추어 서는 장면으로 시작된다. 전쟁으로 인해 사랑을 잃어 버린 남자는 다리 위에 서서 비비안 리가 몸을 던진 강물을 쓸쓸히 바라보고 있다. 전쟁의 소용돌이 속에서의 짧았지만 뜨거웠던 사랑과 긴 이별에 대해, 이차대전이라는 거대한 폭력이 앗아가 버린 엇갈린 두 연인의 꿈과 욕망에 대해 그 안개 속의 다리는 말해 주고 있다.

경쾌한 휘파람 소리로 시작되는 행진곡Kwai March으로 너 유명한, 그 역시 이차대전을 배경으로 한 영화 〈콰이강의 다리〉

는 태국과 미얀마 국경을 이어주는 다리의 건설과 파괴를 둘러싼 일본군의 포로로 잡힌 영국 공병대 병사들의 이야기다. 일본군의 강요에 의한 것이었지만 자신들의 피땀으로 세워진 다리가 아군 유격대로 인해 폭파되는 걸 지켜봐야 하는 그들의 심경을 통해 전쟁이라는 것이 인간의 명예와 존엄을 어디까지 파괴할 수 있는지를 묻고 있다.

〈머나먼 다리〉는 패배한 전쟁을 소재로 한 드문 영화이다. 독일로 진격할 수 있는 교두보이던 네덜란드 전선의 다리를 둘러싼 연합군과 독일군의 치열한 공방을 숀 코너리, 앤서니 홉킨스, 로버트 레드포드 등 호화 배역으로 그려낸 길고 지루한(길고 지루함이 전쟁의 본질 아니던가?) 영화는 연합군의 철저한 패배로 끝난다. 전쟁에서의 다리란 건너편의 누군가를 만나기 위한 것이거나 건너편의 어딘가에 닿기 위한 것이 아니라 최근 개봉한 우리 영화 〈고지전戰〉에서의 고지高地처럼 지키거나 빼앗아야 할 대상일 뿐인 것이다.

비에 젖어 슬픔에 젖어 눈물에 젖어 하염없이 걸어 보는 주현미의 〈밤비 내리는 영동교〉가 있긴 하지만 한강을 가로지르는 서울의 다리들은 꼬리에 꼬리를 무는 자동차들의 질주 속에 그냥 허겁지겁 건너야만 하는 다리라는 것 외에는 다른 구실이 끼어들 여지가 전혀 없는 듯하다. 파리의 센 강을 가로지르는 30여 개의 다리들처럼 자동차들의 다리가 아닌 인간들의 다리,

사랑의 추억과 낭만이 거니는 그런 사람들의 다리가 그립다.

오래 된 내 기억 속에 아름답게 남아 있는, 행인들에게 그림을 그려 팔기도 하던 화가들이 점령해 있던 센 강 위의 퐁 네프 Pont Neuf 다리는 '새 다리' 라는 뜻의 이름을 가지고 있지만 센 강의 다리들 중에서 가장 오래된 400여 년의 역사를 지닌 '헌 다리' 이다. 르누아르의 그림 속에도 등장하는 그 다리는 레오 카락스 감독의 영화 〈퐁 네프의 연인들〉로도 유명하다. 영화는 그 다리 아래에서 노숙하는 남자와 시력을 잃어가는 여자(영화 속의 줄리엣 비노쉬는 예뻤다) 사이의 어두운 사랑을 그리면서 남루하면서도 치졸한 사랑의 맨살을 우울하게 보여주고 있다.

'세상에서 가장 가엾은 여자는 잊혀진 여자' 라는 시로도 잘 알려진 당대 최고의 여류 화가 마리 로랑생은 다섯 해에 걸쳐 사랑했던 시인 아폴리네르에게 결별을 선언했고 아폴리네르는 실연의 아픔 속에 돌아오던 길에 아름다운 미라보 다리 위에서서 가 버린, 그러나 세월이 흘러도 지워지지 않을 아픈 사랑을 노래했다.

> '미라보 다리 아래 센 강은 흐르고 우리의 사랑도 흘러가네 / ……/ 종은 울려라/ 세월은 흐르고 나는 여기 있네/ 날이 가고 또 세월이 지나면/ 흘러간 시간도 사랑도 돌아오지 않지만 / 미라보 다리 아래 센 강은 흐르네'

구름에 달 가듯이

'나는 고작 이 세상에서의 외로운 나그네, 한 가닥 외줄기 길에 지나지 않는다. 그대인들 이 밖에 더 무엇이겠는가?'라고 괴테는 사랑을 두고 떠나야 하는 젊은 베르테르의 입을 빌어 말하고 있다. 최희준의 노래 〈하숙생〉에서처럼 우리는 누구나 어디서 왔다가 어디로 가는지도 모르는 나그네일지도 모른다. 그래서 가을이 오면 더 쓸쓸한 심사가 된다. 마른 풀 흔들리고 잎들이 떨어져 뒹구는 그 나그네길 위에서 우리는 더 외로워지는 것이다.

여수旅愁, 나그네의 시름이라는 말이다. 영어에서는 여행자의 우울함이라 하여 a traveler' s melancholy라고 하지만 나그네와 여행자, 멜랑콜리와 시름 사이에는 분명한 간극이 존재한다. 어딘가 닿기 위해 떠나는 자가 여행자라면 나그네는 정처 없이 떠도는 방랑자, 베가본드vagabond에 가깝고 멜랑콜리보다는 시름이라는 말이 원초적 슬픔의 밑바닥에 더 가까이 닿아 있는 것 같기도 하다. 이탈리아 가수 니콜라 디 바리의 〈바가본도vagabndo〉를 번안해서 박인희는 '그림자 벗을 삼아 걷는 길은 서산에 해가 지면 멈추지만/ 마음의 님을 따라 걷는 나의 길은 꿈으로 이어진 영원한 길' 이라고 노래하고 있다. 날이 새면 방랑자는 그 끝없이 이어지는 길 위에서 또 어디로 흘러가야 할까?

'깊어가는 가을밤에 낯설은 타향에/ 외로운 밤 그지없이 나 홀로 서러워' 라는 초등학교 시절 음악시간에 불렀던 미국 민요 〈여수旅愁〉를 기억하는가? 떠도는 이의 머리맡에서 가을밤 귀뚜라미는 더 서글피 울어대는 것이다.

박목월의 시 '강나루 건너서 밀밭 길을/ 구름에 달 가듯이 가는 나그네/ 길은 외줄기 남도 삼백 리/ 술 익는 마을마다 타는 저녁놀' 에서 보듯이 나그네는 자유를 의미하기도 한다. 일상이 산문散文이라면 여행은 시詩이다. 어느 한곳에 매이지 않는 부평초浮萍草의 삶, 새로운 곳의 낯선 바람을 찾아 끝없이 떠도는 유랑의 삶, 구름 떠가고 물 흐르듯이 흘러가는 행운유수行雲流水의 삶이야말로 우리 몸으로 쓰는 자유의 시가 아닐까?

예로부터 많은 이들이 자유와 일탈을 꿈꾸며 떠돌았다. 때로 그것이 고난과 시련의 길이기도 했겠지만 그 길 위에는 언제나 떠도는 자의 갈기털을 세우는 낯선 바람이 있었다. 세 살 때 이미 한시漢詩를 지었다는 조선 초기의 천재 매월당 김시습은 수양대군의 단종 폐위를 지켜보고는 단호히 자신에게서 세상을 떼어 내 버리고(스스로를 세상으로부터 격리시켰는지도 모른다) 유랑의 삶을 택했다. 저 북쪽 함경도에서부터 남쪽 바다에 이르기까지 그는 40년을 길 위에 있었다. 유불선儒佛仙의 경계로부터도 자유로웠던 그는 그 끝없는 유랑 속에서도 우리나라 최초의 한문 소설인 『금오신화』를 비롯하여 수많은 저작著作과 천여 편이 넘는 시를 남겼다.

김시습이 세상의 불의不義 때문에 세상과 불화不和하였다면 방랑시인 김삿갓은 자신의 가계家系와의 불화로 인해 세상을 등지고 떠돌았다. 그러나 흔히 '죽장竹杖에 삿갓 쓰고 방랑 삼천 리/ 술 한 잔에 시 한 수로 떠나가는 김삿갓'으로 회자되는 그의 유랑의 행보는 민초들의 삶이나 자연과의 불화는 아니었다. 점심때가 되어 문을 두드린 어느 가난한 집의 촌부村婦가 옹색한 소반에 너무 묽어 하늘이 다 비치는 죽 한 그릇을 겨우 내오자 '내 청산이 거꾸로 물 위에 어리어 옴을 사랑하거늘[吾愛青山倒水來]'이라고 읊을 만큼 한 세상 애옥살이를 풍류와 해학으로 승화시킨 아름다운 방랑의 길이었다.

19세기의 영국의 낭만주의 시인 바이런은 자신의 무절제와

방탕으로 인해 어쩔 수 없이 택한 방랑이었지만 스위스, 이탈리아, 그리스 등으로 이어지는 자유로운 유랑의 길에서 「차일드 헤럴드의 여행Child Harold' s Pilgrimage」과 같은 수많은 걸작들을 남겼다. 그는 노래했다.

'어디든 떠돌리라/ 파도가 어디로 나를 쓸어가고/ 폭풍이 어디로 나를 데려갈지라도Where' er the surge may sweep, the tempest' s breath prevail'

세상에 뿌리를 둘 수 없었던 민초들의 길 또한 역마驛馬의 삶이기는 마찬가지였다. 사당패들은 예인藝人이라는 운명을 천형天刑처럼 지고 떠돌아야 했고 의지가지없던 민초들은 봇짐이나 방물 짐을 이고 지고 길을 나서야 했다. 그 끝없는 유랑의 길을 조지훈은 그의 시 「완화삼玩花衫」에서 노래했다.

'다정하고 한 많음도 병인 양 하여/ 달빛 아래 고요히 흔들리며 가노라'

헤르만 헤세는 고독해서 떠났다가 지쳐서 돌아오는 게 여행이라고 했지만 낯선 바람에 부풀었던 돛을 접고 다시 일상의 밑바닥으로 닻을 내려야 하는 것이야말로 더 고독해지는 일 아닐까?

지난 주, 먼 길을 돌아 남쪽 바다의 작은 섬에서 돌아오는 길에 문득 스치고 지나간 생각이었다.

치명적 여인들

"사람은 그럴 수 있습니다. 그러나 내 사람은 그럴 수 없습니다."

표독스럽게 내뱉으며 실수한 부하를 눈도 깜짝하지 않고 베어버리던 그 여자, 미실을 기억하는가?

신라의 미실이나 요즘 방영되고 있는 드라마 〈계백〉에서의 사택비처럼 원하는 바를 얻기 위해 자신의 성적 매력으로, 때로는 카리스마로 남자들을 휘어잡고 파멸로까지 몰아가는 여인들을 부르는 이름이 있다. 프랑스어의 '여성'을 뜻하는 팜femme과 '치명적인, 혹은 파멸로 이끄는'이라는 의미의 파탈fatale이 합해진 말, 팜 파탈(흔히 팜므 파탈이라고들 한다)이다. 19세기부터 주로 문학 작품에 쓰이기 시작한 그 말이 풍기는 뉘앙스는 요부妖婦라는 말로는 뭔가가 좀 부족한 듯하고 악녀라는 말과도 조금 거리가 있어 보인다.

'한 번 눈길에 성이 기울고 두 번 눈길에 나라가 기우네[一顧傾人城 再顧傾人國]' 라는 노래는 '경국지색傾國之色', 이른바 나라를 기울게 하는 미색이라는 말의 기원이 되었다. 중국의 은나라 무왕은 달기라는 아름다운 여인에 혹해 정사는 돌보지 않고 매일같이 연못에 술을 가득 채우고 나무마다 고기를 매달아놓고 즐기다가 나라를 망쳤다. 주지육림酒池肉林이라는 말이 이 고사古事에서 나왔다.

주나라의 유 임금은 좀처럼 웃지 않는 차가운 표정의 미인 포사를 사랑했는데 그녀의 웃는 모습을 보기 위해 수단과 방법을 가리지 않았다. 비단 찢는 소리에 살짝 웃으려다 마는 그녀를 위해 하루에 수십 필씩 비싼 비단을 찢기도 하고 외적의 침입을 알리는 봉홧불을 거짓으로 올려 신하들이 허겁지겁 입궐했다가 낭패해 돌아가는 모습에 포사가 처음으로 소리 내어 웃는 걸 보고는 걸핏하면 가짜 봉홧불을 올리다가 나라를 잃게 된다. 진짜 외적이 쳐들어왔을 때는 왕에게 달려온 신하가 아무도 없었던 것이다. 달기와 포사를 비롯해 중국의 고대사에 등장하는 하나라의 매희나 오나라의 서시 등은 요부형의 팜 파탈로 손색이 없는 치명적 여인들이다.

2,000년 전, 유대 나라에 살로메라는 여인이 있었다. 헤롯왕의 의붓딸이었던 그녀는 진실을 외치다 옥에 갇힌 세례자 요한에게 매료된다. 그러나 낙타 가죽옷을 입고 메뚜기와 돌 꿀을

먹으며 광야를 떠돌던, '광야에서 외치는 소리' 라고 불리던 그 야성의 남자는 그녀의 치명적 유혹을 차갑게 외면했다. 연회석상에서 일곱 개의 베일을 하나씩 벗어던지며 고혹적인 춤으로 의붓아버지 헤롯왕을 사로잡은 그녀는 요한의 머리를 달라고 그의 귀에 속삭인다. 은쟁반에 담겨 나온 요한의 머리에 차갑게 키스하는 그녀의 섬뜩하면서도 고혹적인 모습을 오스카 와일드는 희곡으로, 리하르트 슈트라우스는 오페라로, 다빈치와 모로(마티스의 스승이다) 등 많은 화가들은 그림으로 남겼다. 살로메는 영화 〈원초적 본능〉에 나오는 샤론 스톤과 같은 치명적 악녀의 전형을 보여주고 있다.

파스칼이 그녀의 코가 조금만 낮았더라도 역사가 바뀌었을 거라고 말한 클레오파트라는 권력욕의 화신이었다. 자신의 성적 매력과 기민한 머리로 남동생들과 두 번씩이나 결혼해 왕좌를 유지했고, 시저를 유혹해 빼앗긴 왕권을 되찾기도 하고, 그가 죽자 로마의 집정관이 된 안토니우스를 유혹해 오리엔트 지방의 통치권을 얻기도 하지만 안토니우스의 몰락으로 그녀의 시대도 끝난다. 그녀가 맞게 된 비참한 최후가 독사에게 젖가슴을 물리는 뇌쇄적인 모습으로 귀도 레니나 장 레옹 등 수많은 화가들의 그림 속에 남아 있다.

1차대전의 소용돌이 속에 네덜란드 시골 출신의 여자 마타하리(말레이어語로 '여명의 눈동자' 라는 뜻이다)는 자신의 신

분을 감추고 유럽 사교계의 숱한 남자들의 숭배의 대상이 되지만 독일의 스파이라는 죄명을 쓰고 총살당한다. 팜 파탈의 최후는 그들의 생애처럼 순탄한 것은 아니었다.

예술가들에게 천국과 지옥을 오가게 하며 고통과 함께 예술적 영감을 덤으로 준 치명적 여인들이 있다. 재기 넘치고 분방한 여자 조르주 상드는 '오, 비로드 같은 손을 가지신 분' 이라고 속삭이며 쇼팽을 유혹했다. 9년 동안의 동거 끝에 그녀는 쇼팽을 떠나고, 그는 홀로 남겨져 폐결핵으로 죽어가지만 그의 대부분의 걸작 피아노곡들은 그녀와 함께 했던 그 아홉 해 동안에 만들어진 것들이다.

루 살로메는 빼어난 지성과 미모를 갖춘 치명적인 여인이었다. 파울 레는 그녀에게 거절당해 투신 자살을 했고, 니체는 그녀에게 청혼을 거절당한 고통 속에서 『차라투스트라는 이렇게 말했다』를 썼고, 프로이트는 평생 그녀를 가슴에만 품고 살았고, 릴케는 열네 살 연상의 그녀와 헤어진 뒤 슬픔 속에서 『두이노 비가悲歌』를 썼다. 장미 가시에 찔린 후유증으로 고열에 시달리던 릴케가 돌아와 달라고 애원하는 편지를 보냈지만 그녀는 끝내 돌아오지 않았고 그는 쓸쓸히 죽어갔다.

버나드 쇼는 말했다.

'여자들은 남자들을 기다린다. 거미가 파리를 기다리는 것처럼Women await men, as spiders await flies.'

붉은 노을

아무리 길었던 하루에도, 아무리 짧았던 인생에도 휴식과 안도의 저녁은 온다. 새들도 아침에 떠나왔던 곳으로 돌아가고 골목에서 놀던 아이들도 집으로 돌아가는 시간, 노을은 서쪽 하늘을 축복처럼 물들인다. 아직 땅거미도 다 내리기 전에 하늘부터 서둘러 산등성이와 함께 붉은빛으로 풀어져 마치 '우리의 마지막은 이렇게 아름다워요' 라고 말하는 것처럼 숨막히게 황홀한 저녁을 연출한다.

'저녁 해 고요히 지는 제/ 머언 산허리에 슬리는 보랏빛/ 오! 그 수심 뜬 보랏빛/ 내가 잃은 마음의 그림자'

그의 시 「가늘한 내음」에서 김영랑은 저녁놀에 깃들인 상실의 아픔을 노래하고 있다. 그러나 어느 저녁, 상실은 영원의 다른 이름일지도 모른다는 걸 깨닫는 삶이야말로 아름답다. 우리를 두고 떠난 수없이 많은 상실들에도 불구하고 새로이 시작되는 삶을 잉태한 산통産痛으로 노을은 저리 붉게 타오르고 있는 것이다.

내 기억의 창고에는 놀빛으로 물든 그리운 날의 사진들이 있다. 어린 시절, 해가 뉘엿뉘엿하기를 기다려 나무하러 간 형들을 마중 나갔다가 나뭇짐 리어카에 타고 돌아오노라면 신작로 옆 시냇물 위로 영산홍 꽃잎 지듯 내리는 노을의 황홀함에 탄성을 지르며 돌아보면 형들의 얼굴도 흐뭇한 노을빛으로 물들어 있곤 했다. 그 형들 중 한 분은 이미 여러 해 전 세상 인연을 뿌리치고 노을 속으로 떠나버렸지만 내 그리운 사진 속에서는 여전히 흐뭇한 놀빛에 젖어 웃고 있다.

속절없이 떠돌던 시절의 어느 날, 고원 지대의 서쪽으로 난 한갓진 길을 걷고 있었는데 서쪽 산자락들에 은근한 어스름이 감도나 했더니 순식간에 하늘 전체가 치자 빛으로 물들어 버리는 게 아닌가! 그 순간 불현듯 내 머리를 스치고 지나간 것은 T. S. 엘리엇의 「프루프록의 연가The Love Song of J. Alfred Frufrock」의 한 구절이었다.

'수술대 위에 에테르로 마취된 환자처럼 저녁놀이 하늘에 펴질 때(When the evening is spread out against the sky Like a patient etherized upon a table)' 세상을 온통 붉게 물들여 버린

노을에 마취라도 된 것처럼 다리에 힘이 풀려 주저앉아 버린 나를 발견한 것은 한참이나 시간이 흐른 뒤였다. 놀빛이 물든 바랑을 매고 지나가는 약초꾼들과 늦은 학교를 파하고 놀빛에 젖어 팔랑팔랑 손을 잡고 걸어가는 아이들과 하얀 꽃잎마저 발갛게 놀빛으로 흔들리던 코스모스를 바라보며 앉아 있던 그 저녁은 놀빛만으로도 충만했던 잊을 수 없는 기억 속의 한 장면이다.

'바람이 머물다 간 들판에/ 모락모락 피어나는 저녁연기/ 색동옷 갈아입은 가을 언덕에/ 빨갛게 노을이 타고 있어요' 라는 동요에서처럼 내 노을의 기억의 배경도 언제나 가을이었던 것 같다. 창문으로 보이는 서쪽 산에 오늘도 노을이 물들고 그 노을 속으로 기러기 몇 마리 날아간다.

'구름이 타는 끄스름 냄새/ 오늘과 내일의 간극間隙에서/ 나는 노랗게 물든 채 거기에 섰다' (박기원의 「놀」)

우리 문학사文學史가 아픈 현대사의 상처와 만나는 지점에 김원일의 소설 『노을』이 있다. 그 소설은 1948년 김해시 진영읍에서 일어났던 좌익 폭동을 배경으로 하고 있다. (진영은 바보라고 불리던 대통령이 태어나고 묻혀 있는 곳이고 그의 처가가 안고 있었던 연좌의 고리가 그 폭동에서 비롯된 것임도 우리 현대사의 아픈 우연일 수 있을 것이다.)

출판사에 다니던 '나' 는 삼촌의 부음訃音을 듣고 29년 만에 고향 진영으로 내려간다. 삼촌의 장례를 치르는 사흘의 시간에 정부 수립 직전의 나흘간의 빨치산 폭동의 기억이 겹쳐지면서 오랜 세월 '나'를 얽매고 있던 고통과 불화가 되살아난다. 아버지는 백정이었다. 무식하고 술고래에다 가족들에게 폭력까지 행사하는 통에 어머니는 누이와 함께 가출해 버린다. 빨치산들이 마을에 들어왔을 때 아버지는 선봉에 서서 마을 사람들을 도살장에 끌고 가 처형을 하는 일까지 서슴지 않는다. 밀어닥친 진압군들과 더불어 나흘간의 좌익의 해방구는 끝나고 아버지는 자살한다. 오랜 세월 연좌제의 고통 속에서 살아온 '나'는 아버지와 고향 마을의 기억에 대한 저주에서 벗어나지 못한다.

그로부터 반세기를 훌쩍 넘어선 21세기의 공간 속에서도 우리는 아직 그 이데올로기라는 허깨비에 매달려 편을 갈라 피를 흘리며 싸우고 있다. 정치적 신념과 열정만으로는 성공할 수 없다는 것을 그 바보라고 불리던 대통령이 보여주지 않았던가? 작가는 자신을 괴롭혀 온 고통으로부터 도피할 것이 아니라, 그 고통과 마주해 싸울 것이 아니라 그 상처를 깊이 껴안아 용서하고 화해하는 데서 치유가 시작되는 것임을 '나'를 통해 보여주고 있다.

그 소설 속의 진영은 조정래의 『태백산맥』의 벌교와 같은 공간이었다고 할 것이다. 밤과 낮이 다른 세상이었다. 밤에는 붉은 인공기 아래 빨치산이 되고 낮에는 태극기를 든 양민이 되어야 했다. 그 밤과 낮 사이에 노을이 있었던 것이다. 소설의 말미에서 작가는 말한다. 그의 눈에 비친 하늘은 어둠을 맞는 핏빛 노을이 아니라 내일 아침을 기다리는 오색찬란한 무지갯빛이었다고.

연말의 대선을 앞둔 지금 우리 사회는 오른쪽과 왼쪽, 젊은 세대와 나이 든 세대 사이의 심각한 분열상을 보여주고 있다. 스스로의 예각銳角을 무너뜨리고 서로에게 스며들어 만들어 내는 아름다운 그늘, 어디 없을까? 젊은 아이돌 가수들인 빅뱅과 나이 든 가수 이문세가 그 노래 〈붉은 노을〉에서 만나는 것처럼.

'붉게 물든 노을 바라보면/ 슬픈 그대 얼굴 생각이 나/ 난 너를 사랑해…… 소리쳐 부르지만/ 저 대답 없는 노을만 붉게 타는데'

키스

영국의 시인 P. B. 셸리는 키스는 사랑하는 이들끼리의 넋의 맞닿음이라는 성스러운 의미를 부여하고 있지만 문학 작품이나 영화, 또는 드라마를 통해 키스에 대한 잘못되거나 다소 과장된 환상이 양산되고 있는 것도 사실이다. 인기 드라마에 나오는 사탕 키스니 거품 키스 같은 것들에 대한 환상이 그렇고 영화 〈로마의 휴일〉의 여주인공의 '사랑하는 사람과 키스를 할 때는 땡그랑 땡그랑 수백 개의 종소리가 들린다' 라는 말을 굳게 믿고 그 소리를 들으려 안달하는 집착이 그렇다.

맨 처음 키스를 한 사람은 누구였을까? 인간은 언제, 어떻게, 왜 키스를 시작하게 된 것일까? 확실하진 않지만 키스의 역사는 인류의 역사만큼 오래된 것일지도 모른다. 키스의 기원에는 여러 가지 추측들이 있다. 그 추측들의 대부분은 인간의 욕망이 구강口腔(입)에 깊이 연루되어 있다는 많은 심리학자들의 주장을 뒷받침해주고 있기도 하다.

염분의 섭취가 부족했던 원시인들이 상대방의 얼굴에 묻어 있는 소금기를 핥기 시작한 데서 자연스럽게 키스 행위가 발전하게 되었을지도 모른다는 좀 우스꽝스러운 추측도 그 중 하나다. 뜨거운 여름날 염분이 부족해진 인간이 미더운 상대의 얼굴을 핥아 소금기를 섭취하고 그 행위는 더욱 더 갈증을 자극해 마침내는 인간의 가장 원초적인 갈증인 외로움을 해소하게 되는 단계로까지 나아가게 된 게 아니었을까?

인간을 비롯한 고등 동물들(새들도 그렇다)의 어미들은 새끼들이 먹기 쉽도록 음식물을 자신의 입으로 잘게 씹어서 입에서 입으로 전달한다. 새끼들에게는 유아기의 자신들의 욕구 해소의 유일한 통로였던 어미의 입술의 감촉이 본능 속에 깊이 자리 잡게 되고 어른이 되어 그 기억이 이성에게 키스하고 싶은 욕구로 발현되는 것일 수도 있다. 어미의 젖을 빨던 기억도 마찬가지일 것이다.

이런 추측은 어떨까? 수렵 채취 시대의 인간이 먹을 것을 찾아 숲을 헤맨다. 그가 먹을 열매를 선택하는 기준은 무엇이었을까? 색깔이었을 것이다. '붉은 것 = 잘 익은 것 = 먹을 수 있는 것' 이라는 등식이 성립하기 때문이다. 입술은 인간의 몸 밖으로 드러나는 유일하게 붉은빛을 띠는 부위이다. 붉은색은 인간에게 성적性的 신호등 같은 역할을 하는 것이다. 붉은색이 우리에게 '위험'이라는 의미의 사회적 신호로도 쓰인다는 사실은 재미있기도 하지만 한편으로는 의미심장하다.

어떤 생물학자에 따르면 남자들은 키스를 욕구 해소의 전前단계쯤으로 받아들이지만 여자들에게는 입술의 감촉이나 분비물의 화학 성분으로 나쁜 남자와 좋은 남자를 가려내는 본능적인 방편일 수도 있다고 한다. 적어도 키스에 있어서는 여성이 남성보다 더 이성적이라는 반증이기도 한 것이다.

키스에는 욕망뿐 아니라 성스러운 계약 같은 것의 의미도 있지 않을까? 우리가 영화에서 보는 서양 사람들의 결혼식에서 주례를 하는 신부님이나 목사님이 결혼 성립의 상징으로 '신부에게 키스하세요Kiss the bride'라고 말하지 않던가? 왕자의 키스를 받지 못한 인어공주는 거품이 되어 사라져 버리고 잠자는 숲속의 공주도 왕자의 키스로 깨어나지 않던가?

'손등에 하는 키스는 존경을 의미하고, 이마는 우정, 뺨은 호의, 입술은 사랑, 감은 눈시울에 하는 것은 동경, 팔목에 하는 키스는 욕망을 나타내고 그 나머지는 다 광기의 소치이다.'라는 G. 체르의 말은 키스에 대한 호의적 견해에서 나온 것인지 악의적 표현인지 선뜻 구분이 가지는 않지만 키스는 분명 쾌락과 숭고함의 양면성을 고루 가지고 있는 듯하다.

키스를 할 때 도파민이나, 아드레날린, 세로토닌 같은 신경

전달 물질이 분비되어 우리에게 쾌락을 가져다 준다는 화학적 소견이나 '담배를 처음 배운 날 한 소녀와 첫 키스를 나누었는데 그날 이후 내 입술은 담배를 물 여가가 없었다.' 는 이탈리아의 지휘자 토스카니니의 농담, '블리스bliss(환희)' 라는 말과 각운脚韻을 맞추기 위해 시인들이 '키스kiss' 라는 말을 만들게 되었다는 A.비어스가 그의 '악마의 사전' 에서 내린 키스의 정의定意들은 하나같이 키스의 쾌락에 대해 말하고 있지만 키스에는 쾌락 그 이상의 운명적 아름다움과 숭고함이 깃들어 있다.

주세페 토르나토레 감독의 이탈리아 영화 〈시네마 천국〉에서 영사기 기사 알프레도는 가난한 소년 토토에게 영화의 꿈을 키우게 하며 세대를 뛰어넘은 우정을 나눈다. 꿈을 좇아 도시로 간 토토는 유명한 영화감독이 되고 알프레도가 죽으면서 자신에게 남긴 필름을 보게 된다. 검열에 의해 잘려나간 그의 영화의 키스 장면들을 모아 편집해 놓은 알프레도의 필름 속의 아름다운 키스들과 그걸 보면서 눈물을 흘리던 토토를 기억할 것이다.

'날카로운 첫 키스의 추억은 나의 운명의 지침을 돌려놓고 뒷걸음 쳐서 사라졌습니다.'

만해의 시 「님의 침묵」의 그 한 구절을 기억하는가?

일렁이던 봄날의 보리밭 사잇길이나 푸르게 저물어 가던 여름 저녁이나 가을의 낙엽 쌓인 벤치나 눈 내리던 겨울 골목의 차가운 가로등 불빛 아래 스틸 화면으로 정지해 있던 그 첫 키스의 순간을 그대, 기억하는가?

야성野性의 시대는 갔는가?

그런 날들이 있었다. 거칠고 투박하고 단순한 열정이 미덕이던 날들이 있었다. 그러나 새롭고 편리하고 세련된 것들에 대한 맹목적 열광과 함께 야성의 시대는 가 버렸다. 언젠가부터 우리의 말과 행태와 의식주와 우리를 둘러싼 풍경에서 거칠고 투박한 야성의 에너지는 시나브로 사라지고 깎아 놓은 밤톨 같이 반질반질한 것들만 남아 세련된 우아함이 시대의 트렌드가 되어 버렸다.

초등학교를 갓 들어간 무렵쯤이었을까? 이슥하도록 동네 친구 집에서 놀다가 삽짝을 막 나서던 순간이었다. 골목을 비추는 초승달빛(그 시각에 중천에 떠 있었으니 그러려니 추측할 뿐이다)의 박명薄明 속에서 두 개의 푸른 눈이 빛났다. 늑대였다. 온몸으로 확 끼쳐 오는 야성의 에너지에 압도되어 오금이 저렸지만 재빨리 골목의 흙벽에 등을 붙이고 섰다. 진위眞僞야 알 수 없었지만 늑대는 자신이 훌쩍 뛰어넘을 수 있을 만큼 키가 작은 아이들만 공격하므로 늑대를 만나면 나무나 벽 같은 데 바짝 붙어서야 한다는 말을 숱하게 들어왔기 때문이었을 것이다. 형형한 눈빛으로 한참(짧은 순간이었겠지만 그때의 내게는 그렇게 느껴질 수밖에 없었는지도 모른다)이나 나를 보고 있던 녀석이 돌아서 느릿느릿 골목 저편의 어둠 속으로 사라졌을 때 거짓말처럼 바짓가랑이가 흠뻑 젖어 있었다. 다음 날 내 말을 들은 어른들과 동무들은 '에이, 개였겠지' 하고 웃어넘겨 버렸지만 그 녀석이 풍기던 그 섬뜩한 야성의 에너지는 아직까지 내 기억 속에 고스란히 살아남아 있다.

이솝 우화 같은 이야기들 속에서 늑대는 악한 힘을 상징했다. '양치기 소년' 의 이야기나 '양의 탈을 쓴 늑대' 에서 보듯이 늑대는 인간에게 적대적인 폭력의 상징이었다. 'canis lupus(canis는 개를 의미한다)' 라는 학명을 가진 이 개과科의 동물은 인간이 지구에 나타나기 훨씬 전인 75만 년 전에 이미 이 행성에서 어슬렁거리며 인간이 동굴에서 나오던 것까지 지켜보았을 것이다. 늑대에게서 야성을 빼앗아 사람들의 습성에 따르도록 키워온 것이 개지만 개들도 때로는 달을 보며 외롭게 짖는다. 그들의 먼 조상 늑대의 야성이 그들의 핏속에 조금은 남아 흐르고 있기 때문일 것이다.

아직까지 그 늑대들이 살아 있다면 개 미장원에 가서 털을 빗고, 비누 목욕을 하고, 머리에 리본까지 달고 주인의 침대에서 잠이 드는 요즘 애완견들을 보며 얼굴을 붉힐 것이다. '남자는 다 늑대야' 라는 말이 흔히 남성성을 비하하는 말로 쓰이지만 늑대는 평생 한 암컷하고만 사랑을 나누고 다른 무리를 공격할 때도 항상 제일 센 놈을 공격하는 습성을 가지고 있고 가끔은 외로워 홀로 달을 보며 짖을 줄도 안다. 자, 어떤가? 요즘 여성들의 로망이라는 매끈한 꽃미남들에 비하면 늑대 같은 야성의 남자가 그립지 않은가?

60년대까지만 해도 이른 아침이나 어스름한 저녁에 대문을 밀고 들어서는 낯선 이들이 있었다. 이른바 무전여행無錢旅行(돈 없이 떠돈다는 말이다)을 하는 젊은이들이었는데 이들을 내치는 일은 거의 없었다. 너나없이 곤궁한 살림살이였지만 그들을 배불리 먹여 보내곤 했던 것은 아마도 장차 이 나라를 짊어질 젊은이들의 호연지기浩然之氣를 길러주는 데 일조를 한다는 심정에서였을 것이다. 요즘 같은 세련된 배낭이나 화려한 아웃도어 옷가지들도 없이 미군 부대에서 흘러나온 물들인 군용 점퍼나 워커(군화)를 신은 그들에게서 풍겨 오던 땀과 먼지 냄새는 거친 야성의 것이었다. 김수철은 〈젊은 그대〉에서 노래했다. '거칠은 벌판으로 달려가자/ 젊음의 태양을 마시자' 해변에서 과

시할 배 근육(식스 팩이라던가?)을 만들기 위해 골몰하고 있을 젊은이들이여. 일어나 거친 벌판으로 나서 보라. 진정한 남성성이란 그대들의 복근에 새겨지는 게 아니라 젊은 날 황야를 성큼성큼 가로지르는 야성의 발걸음에 아로새겨지는 것이다.

옛날 영화 〈맨발의 청춘〉을 생각하면 제일 먼저 신성일의 야성의 눈빛이 떠오른다. 가난하지만 떳떳하고, 요즘 흔히 말하는 스펙도 없지만 기죽지 않고, 비굴하지 않지만 따뜻한 그런 청춘이라면 맨발이면 어떠랴? '눈물도 한숨도 나 혼자 씹어 삼키며' 최희준이 부른 그 영화 주제곡의 한 대목이다. 이 야성을 잃어버린 시대가 혼자서는 울지도 못하는 나약한 젊은이들을 양산하고 있지는 않은가? 훨씬 나중에 나온 캔이라는 가수들은 〈맨발의 청춘〉이라는 제목으로 '이렇다 할 빽도 비전도 지금 당장은 없고/ 젊은 것 빼면 시체지만 난 꿈이 있어' 라고 노래하고 있지만 그 꿈을 이루기 위해서는 먼저 가슴 속에 잠자고 있는 야성을 깨울 일이다.

여름이면 학교에서 돌아와 어머니와 함께 툇마루에 앉아 먹던 점심이 그리움으로 떠오른다. 막 된장을 푹 떠 놓은 부루(상추를 그때는 그렇게 불렀다)쌈을 볼이 미어지게 밀어 우직우직 삼키고 나서 후룩후룩 마시던 오이냉채의 시원한 맛이란! 막장을 듬뿍 찍은 풋고추와 함께 거친 보리밥을 찬물에 말아 먹던 맛도 잊을 수 없다. 피자나 햄버거 같은 미끄러운 음식에 맛들

여진 요즘 젊은이들에게 그 투박하고 거친 야성의 맛을 설명할 방법이 있을까? 우아한 카페의 창틀에 놓인 이름도 낯설고 먼 서양 꽃들의 화려한 아름다움에 길들여진 그들에게 가꾸는 손길도 없이 피어난 들꽃들이 자아내는 야성의 아름다움을 설명할 길이 있을까?

아메리카 인디언들에게 늑대의 야성은 숭배의 대상이었다. 캐빈 코스트너의 영화 〈늑대와 춤을Dance With Wolves〉을 기억할 것이다. 거친 황야에서의 늑대와의 춤! 판타지 속에만 존재할지라도 그리운 야성의 모습이 아닌가?

1967년 경북 영주에서 포획된 다섯 마리가 우리나라의 마지막 늑대로 기록되어 있다. 그날 밤 그 골목 어귀에서 나와 조우했던 녀석이 그들 중 하나였을지도 모른다. 그렇게 아주 가끔은 달빛 젖은 골목길에 마지막 늑대들이 어슬렁거리기도 하던 날들과 함께 야성의 시대는 가 버렸다.

낙엽

'시몬, 나뭇잎 져버린 숲으로 가자/ 낙엽은 이끼와 돌과 오솔길을 덮고 있다/ 시몬, 너는 좋으냐, 낙엽 밟는 소리가?/ 낙엽 빛깔은 정답고 쓸쓸하다/ 낙엽은 덧없이 버림받아 땅 위에 있다/ 시몬, 너는 좋으냐, 낙엽 밟는 소리가?'

가을이 오면 우리나라 사람들이 가장 자주 애송하는 시, 프랑스 시인 구르몽의 「낙엽」이다. 유감스럽게도 파리의 가을을 보지 못했지만 프랑스 사람들의 감성은 유독 낙엽의 이미지에 깊이 머무는 것 같다. 우리가 서둘러 가지 않아도 시간은 언제나 마지막의 때로 우리를 데려다 놓는다. 해마다 어김없이 가을은 오고 잎들은 물들어 바람에 날려 떨어진다. 낙엽은 어느 한 시간의 끝을 알리는 종소리 같은 것이다. 가을 숲을 걸으며 발밑에 밟히는 낙엽 소리를 듣는다. 떠나가는 것들이 얼마나 아름다운가를 낙엽은 말해 주는 것 같다.

낙엽은 상실과 이별의 은유이기도 하다.

'그러나 인생은 어느덧 소리도 없이 사랑하던 이들을 갈라놓아 버리고/ 물결은 헤어진 연인들의 발자욱을 모래 위에 지워 버리네/ 낙엽은 삽 속에 쓸려 담겨지고 추억도 후회도 쓸려 담겨지는데/ 북풍은 그 모든 것을 망각의 싸늘한 어둠 속으로 싣고 가 버리네'

역시 프랑스 시인 쟈끄 프레베르의 시 〈고엽枯葉, Les Feuilles Mortes〉이다. 이 시를 노래로 만들어 이브 몽땅과 에디트 피아프가 부르고 빙 크로스비가 〈Autumn Leaves〉라는 영어 노래로 불러 전 세계인들의 가을 애창곡이 되었다.

프랑스 시인 아폴리네르는 당대 최고의 여류화가이자 시인이었던 마리 로랑생(우리에게도 잘 알려진 '세상에서 가장 가엾은 여자는 잊혀진 여자' 라는 시를 쓴 그 여자이다)을 깊이 사랑했으나 그녀가 던진 결별의 말을 듣고 돌아오는 길에 미라보 다리 위에 서서 흘러가는 강물을 본다.

'미라보 다리 아래 센 강은 흐르고 우리의 사랑도 흐른다/ 내 마음 깊이 새겨두리 기쁨은 늘 고통 뒤에 온다는 것을/ 밤이여 오라, 종아 울려라/ 세월은 가고 나는 남는다'

이별과 상실의 아픔을 노래한 '병든 가을' 도 그 무렵의 시다.

'떨어져 번져가는 눈물/ 낙엽이여/ 밟혀서 찢겨지는 눈물/ 낙엽이여'

당신이 남긴 추억들 하나하나를 찾아 헤맨다는 내용의 노래 앨비스 프레슬리의 〈For Anything That' s Part of You〉를 번안해서 부른 차중락의 〈낙엽 따라 가버린 사랑〉은 대표적인 우리의 가을 노래이다.

'찬바람이 싸늘하게 얼굴을 스치면/ 따스하던 너의 두 뺨이 몹시도 그립구나/ ……/ 너와 나의 사랑의 꿈 낙엽 따라 가버렸으니'

스물일곱의 나이로 차중락은 낙엽 따라 가 버렸지만 앨비스 프레슬리를 흉내내어 떨리는 듯한 저음으로 부른 이 노래는 사십 수년의 세월을 뛰어넘어 가을이 오면 우리 가슴 깊은 곳을 울리고 있다. 인생은 상처 이외의 그 무엇도 아니다. 따뜻하던 너의 두 뺨도 사랑의 순간들도 찬바람에 떨어져 날리는 낙엽처럼 그렇게 상처를 남기고 떠나가는 것이다.

'마른 잎 굴러 바람에 흩날릴 때/ 생각나는 그 사람 오늘도 기다리네/ 왜 이다지도 그리워하면서/ 왜 이렇게 잊어야 하나/ 낙엽이 지면 다시 온다던 당신/ 어이해서 못 오나 낙엽은 지는데'

어느 가을날, 지금은 설악산 아래 살고 있는 지인이 술자리에서 부른 이 노래는 대번에 외워져 내 가을 십팔번이 되어버렸다. 조영남이 부른 노래라는 것은 나중에 알게 되었지만. 낙엽은 그렇게 우리를 그리움에 휩싸이게 하기도 한다.

'지금 그 사람 이름은 잊었지만/ 그 눈동자 입술은 내 가슴에 있네/ ……/ 그 벤치 위에 나뭇잎은 떨어지고/ 나뭇잎은 흙이 되고 나뭇잎에 덮여서/ 우리들 사랑이 사라진다 해도'

박인환의 시 「세월이 가면」의 한 구절처럼 세월은 가도 옛날은 남는 것이다. 세월은 우리를 돌아올 수 없는 곳으로 데려가지만 그리움은 우리가 쫓겨나지 않아도 되는 유일한 낙원이다. 지금은 사라져 버린 옛 소녀들의 시집 속에 곱게 꽂혀 있던 노란 은행잎처럼.

삼십대 초반의 어느 가을 설악산에 간 적이 있었다. 그 해의 단풍도 올가을처럼 유난히 붉고 고왔다. 권금성을 오르던 산 중턱의 작은 쉼터의 메모판에 쪽지 하나가 꽂혀 있었다. 아마도 함께 산을 오르던 어느 연인들이 남긴 것이었으리라.

'먼 훗날. 그대 머리 은발銀髮 휘날리는 날. 우리 이 자리에서 다시 만나 왜 낙엽이 져야 새잎이 돋는지를 이야기합시다'

젊었던 내게 그 말이 얼마나 큰 울림으로 다가왔던지 서른 해 가까이가 흘러 머리가 은발로 뒤덮인 지금까지 그 글자 하나까지 기억 속에서 지워지지 않아 이렇게 쓴 적이 있었다.

'그때 그 메모를 남겼던 젊은 연인들의 머리는 어느덧 은발로 덮여 가을바람에 날리고 있을까? 세월이 흘러 먼 훗날 어느 가을 그 산중의 찻집에서 그들은 다시 만났을까? 다시 만나 서로의 은발을 쓸쓸히 바라보며 왜 낙엽이 져야 새잎이 돋는지 나지막이 이야기를 나누었을까? 아니면 그 가을의 약속은 아직 지켜지지 않은 채로 그들의 가슴 속에 쓸쓸한 바람소리로만 남아 있을까?

그대여, 낙엽이 지고 있다.

감자를 먹으며

외출에서 돌아오니 출입문 앞에 소쿠리 하나가 놓여 있다. 낡아서 정겨운 그 소쿠리에는 알이 실한 갓 캔 흙 묻은 감자들이 가득 들어 있다. '어, 벌써 감자 캘 철이 되었나?' 누군가 성질 급한 이웃이 철 이른 감자를 캐서 갖다 놓았나 보다. 흙을 잘 털어내고 깎아서 채반에 얹어서 찐다. 은근하게 감자 익는 냄새가 집안을 채울 때쯤 뚜껑을 열어 식히면서 고추장을 꺼낸다. 하얗게 분이 나는 감자를 고추장에 찍어 한 입 베어 문다. 그리고는 오십년 전쯤의 초여름 마당가로 돌아간다.

마당가에 걸어 놓은 솥에서는 푹푹 김이 올라오고 형과 나는 들마루에 누워 감자가 익기를 기다리며 초저녁달을 보고 있다. 어머니가 대나무 소쿠리에 다 익은 감자를 내오신다. 형은 부득부득 고추장을 달라고 조르고 '어디서 못된 버릇을 배워가지고서는' 하며 혀를 차시면서도 어머니는 한 종지 가득 고추장을 퍼 오신다. 덜 마른 솔가지에서 나던 매캐한 연기에 눈물을 흘리면서 감자를 찌시던 어머니도 꼭 고추장에 감자를 찍어 먹던 해괴한 식성을 가지고 있던 형도 지금은 이 세상에 없고 고추장을 찍어 먹는 버릇만 내 식성이 되어 남아 있다.

그 시절, 쪄서 먹기도 하고 수제비에 넣어 먹기도 했고, 감자떡을 해 먹을 전분을 가라앉히느라 동네 우물가에 늘어놓은 다라이들에서 나는 쿰쿰하면서도 알싸한 감자 썩는 냄새가 자욱하게 마을을 덮기도 했었다. 권석창은 그의 시 「당신은 누구세요」에서 현실 속에서 어쩔 수 없이 소심해져 가는 자아를 감자씨 심어 놓고 조바심하는 농부에 투영하고 있다.

'당신은 누구세요/ 감자 씨 심어 놓고/ 눈이 내려서/ 간밤에 잠을 못 자/ 눈이 빨간 사람이오'.

김동인의 소설 『감자』에서 배라도 곯지 않으려고 스무 살이나 많은 홀아비에게 시집온 복녀는 중국인 감자밭 주인 왕 서방에게 몸을 주면서 모질기만 한 목숨을 이어나간다. 감자는 그렇게 어렵던 시절을 나게 해 주던 없어서는 안 될 작물이었고 배곯지 않고 어떻게든 애면글면 살아내어야 했던 서민들에게 아프지만 귀한 양식이었다.

일찍 개항開港을 한 일본은 우리보다 200년이나 앞서 네덜란드 사람들에게서 감자를 들여왔지만 우리나라에서 감자가 재배된 것은 1820년대였다. 인삼 서리를 하러 몰래 들어온 청나라 사람들이 들여온 것이라고도 하고 전라도 해안에서 기항하던 영국 상선에 타고 있던 선교사들이 종자를 주었다고도 한다. 맛이 있는 듯도 하고 없는 듯도 해서 처음에는 먹을거리에서 내쳐지기도 했지만 관에서 감자에는 세금을 매기지 않아 너도나도 감자를 재배하게 되었고 차츰 차츰 서민들의 구휼 작물로 자리잡아갔다.

유럽에 감자가 알려진 것은 15세기 아메리카 대륙을 발견한 콜럼버스에 의해서였고 영국에 본격적으로 감자 재배를 퍼트린 것은 월터 롤리였다. 처녀왕 엘리자베스 1세의 총애를 받던 그는 신대륙 동부에 식민지를 세워 '버지니아Virginia('처녀의 땅'이라는 뜻의 아부 성 이름 짓기였으리라)'로 명명해 여왕에게 바치기도 했고 담배를 처음 들여와 피우기도 했다. 그러나 영국인들은 감자가 나병을 퍼트린다는 속설 때문에 멀리 했을 뿐만 아니라 '아일랜드 촌것들의 음식'으로 멸시했지만 식민지 아일랜드 사람들은 감자에 기대어 목숨을 이어나갈 수밖에 없었다. 하루의 고된 노동에서 벗어나 희미한 램프 불빛 아래 둘러 앉아 감자를 먹고 있는 고흐의 그림 〈감자 먹는 사람들〉에서 보듯 감자는 그렇게 철저하게 빈자貧者들의 음식이었던 것이다.

그러나 감자가 없었더라면 오늘날 우리는 식량은 산술급수적으로 증가하고 인구는 기하급수적으로 증가해 기근의 재앙이 닥치리라고 예언한 '맬서스의 '인구론人口論' 을 알지 못했을 것이다. 그가 감자가 가지고 있는 놀라운 영양의 균형성에서 인구 증가의 조짐을 보았던 것이다.

감자가 아니었다면 미국인들은 그들이 가장 사랑하고 그리워하는 대통령 존. F. 케네디를 갖지 못했을 것이다. 1847년 아일랜드에 전대미문의 비극이 밀어닥쳤다. 잎이 마르고 뿌리가 썩어 버리는 감자마름병이 들불처럼 번져 아일랜드 전역에 성한 감자가 단 한 톨도 남아나지 않게 된 것이다. 기아의 공포 때문에 감자흑사병으로 불리던 그 식물의 질병으로 그 당시 800만 명이던 아일랜드 인구의 1/3이 굶어 죽었고 그 재앙을 피해 대서양을 건너 미국으로 건너온 이재민들 가운데 케네디의 증조부도 끼어 있었다.

프랑스에 처음 들어온 감자는 귀족들의 관상 식물로 재배되었었다고 한다. 나중에 프랑스 혁명으로 단두대의 이슬로 사라지는 운명을 겪게 되지만 그 시절 상류층 사람들의 패션리더였던 마리 앙트와네트는 연보랏빛 감자꽃을 머리에 꽂고 다녔다고 전해진다. 어떤 이들에게 목숨의 의미였던 감자가 어떤 이들에게는 고급 취향의 사치이기도 했던 것이다.

오늘, 인심 넉넉한 이웃이 가져다 놓은 감자는 나를 그리운 옛집의 마당가로 데려다 놓는다.

시詩

그러니까 그때였어
시가 나를 찾아 왔어
어디서 왔는지 몰라, 겨울에서인지 강으로부터인지
그건 목소리도 아니었고 , 말도, 침묵도 아니었어
내 입은 이름들을 부르지 못했고 눈은 멀었으며
내 영혼 속에서 뭔가가 시작되고 있었어
(파블로 네루다, 「시가 나를 찾아왔다」 中에서)

이탈리아 영화 〈일 포스티노Il Postino우편배달부〉는 시詩에 대한 한 권의 가장 아름답고 완벽한 교과서이다. 노벨상을 받은 칠레의 시인 파블로 네루다(파블로라는 이름을 가진 사내들은 세다.

캔버스 위의 혁명가 파블로 피카소와 불멸의 첼리스트 파블로 카잘스도 있지 않은가?)가 지중해의 한 작은 섬으로 찾아든다. 그 영화는 아름다운 섬의 풍경을 배경으로 깔아 놓고 정치적인 이유로 섬에 머물게 된 노시인과 그에게 오는 우편물을 배달하게 된 무식한 어부의 아들 마리오를 통해 시가 존재해야 하는 이유에 대해 이야기해 주고 있다.

마리오에게 있어서 시에 대한 인식은 '시인이란 여자들에게 인기가 많은 사람' 이라는 데서 시작된다. 그 섬에 배달되는 편지들의 거의 전부를 차지하는 네루다의 편지들의 발신인이 대부분 여자들이었기 때문이다. 시를 가르쳐 달라고 조르는 마리오에게 시인은 은유[메타포metaphor]에 대해 가르친다. 꽃, 하늘, 파도 소리, 나무, 바위 등 그 섬에 있는 모든 것이 다 무언가에 대한 은유라고 설명해 주지만 그는 전혀 이해하지 못한다. 친척 이모의 술집에서 일하는 운명의 여인 베아트리체를 만나기까지는. (베아트리체. 그 이름에는 어딘가 아득하고 운명적인 데가 있다. 단테는 그녀를 평생에 단 두 번, 그것도 우연히 만났을 뿐이다. 다른 남자에게 시집가서 스물넷의 꽃다운 나이에 요절해 버린 베아트리체는 그러나, 단테의 인생의 그야말로 구원久遠의 여인이 되어 그의 불후의 명작 『신곡神曲』에 남았다.) 베아트리체를 깊이 사랑하게 된 마리오는 노시인을 찾아와 하소연한다.

"선생님, 가슴이 아파요. 사랑에 빠졌나 봐요."

"좋은 치료법을 가르쳐 주지."

"아뇨, 가르쳐 주지 마세요. 치료되고 싶지 않아요. 계속 아프고 싶어요."

나는 마리오의 말보다 시인에 대한 딱 들어맞는 정의定意를 읽거나 들어 본 적이 없다. 그렇다. 시인이란 '계속 아프고 싶은 사람' 인 것이다. 베아트리체의 사랑을 얻기 위해 마리오는 네루다의 시를 베껴서 그녀에게 보내고 그의 순수한 열정에 흔들린 베아트리체도 그의 마음을 받아들이게 된다. 자신의 시를 도용했다고 꾸짖는 시인에게 마리오는 천연덕스럽게 대답한다. '시는 그걸 쓴 사람의 것이 아니라 그 시를 필요로 하는 사람의 것' 이라고.

요즈음 시인들 사이에서 유행어가 되다시피 한 '시는 죽었다' 라는 말을 나는 거대 담론으로 이해하지 않는다. '이성의 환심을 사기 위해 밤새워 잡지를 뒤져 시를 베껴 보내던 청춘들이 사라져 버렸다' 는 말과 동의어쯤으로 이해한다. 여인을 사랑하듯 자연을 사랑하고 자연을 바라보듯 여인을 바라보게 된 마리오는 저절로 '은유' 를 이해하게 되면서 그녀의 눈빛에서 파도 소리를 듣고 그녀의 머리카락에서 흩어지는 별빛을 보기도 하는 시인이 되어 간다.

〈일 포스티노〉가 순진무구한 아름다움으로서의 시의 모습을 얘기하고 있다면 이창동 감독의 영화 〈시〉는 지리멸렬한 삶의 행간으로 찾아드는 쓰라림으로서의 시의 얼굴을 보여주고 있다. 그 영화는 한번도 시를 써 본 적이 없는 예순여섯 살의 쓸쓸한 신세의 여자, 남편도 없이 허름한 도시 변두리의 아파트에서 이혼한 딸이 맡긴 외손자와 함께 살아가는 미자의 행적을 시종일관 화가 날 정도의 잔잔한 시선으로 따라간다. 같은 나이의 미자를 연기한 윤정희는 그녀 생애 최고의 영화의 완벽한 주인공으로 다시 태어났다. 릴케가 말하지 않았던가? 인생을 다 살아 보고 나서야 비로소 서너 줄의 진정한 시를 쓸 수 있을 거라고.

한갓진 삶 속에서 외침까지는 아니더라도 무언가 세상을 향한 발언 정도는 하고 싶어 무슨 주민센터에서 하는 교양 강좌에 시를 배우러 다니는 그녀에게 세상은 잊지 않고 불친절한 손을 내민다. 여학생을 자살로 몰고 간 성폭행 사건에 연루된 손자와 그 합의금을 마련하기 위해 '죽기 전에 꼭 한 번만 해보고 싶다' 는, 죽음을 목전에 둔 노인의 욕망에 야합하는 자신과 죄책감 없는 세상으로부터 영원히 사라지고 싶었던 것일까? 미자는 소녀의 죽기 직전의 흔적을 찾아다니다 그녀 생애의 처음이자 마지막 시 한 편을 남기고 종적을 감춘다. 죽은 여학생의 영세명을 제목으로 한 「아네스의 노래」라는 시였다. 어쩌랴? 아프지만 그래도 여전히 아름다운 것을. 그녀도, 그녀의 시詩도.

'그곳은 어떤가요 얼마나 적막하나요?

저녁이면 여전히 노을이 지고 숲으로 가는 새들의 노래 소리 들리나요

차마 부치지 못한 편지 당신이 받아볼 수 있을까요?

한 번도 하지 못한 고백 전할 수 있을까요?

시간은 흐르고 장미는 시들까요'

고향

아주 오래 전, 동해로 가는 영동선 열차 안이었다. 담배 연기 자욱한 열차 안에서 마른 오징어나 세모난 비닐 봉지에 든 낙화생落花生(노란 꽃이 떨어져야 열매가 맺힌다 하여 땅콩을 그렇게 우아하게 부르던 때가 있었다)과 함께 소주를 팔던 담대한 낭만의 시절이었다.

남루한 행색을 한 중년의 사내가 혼자 소주를 마시고 있었다. 이따금 힐끗힐끗 차창 밖을 내다보며 맞은편에 앉은 내게 소주가 가득 담겨 찰랑이는 종이컵을 내밀기도 했다. 필터 근처까지 타들어간 '아리랑' 담배를 낀 투박한 손가락 끝이 노랬다. 취기가 오른 탓인지 젊은 시절 고향을 떠나 도회에 가서 살았던 굽이굽이 인생사를 늘어놓나 했더니 차창 밖으로 펼쳐지기 시작하는 바다를 보며 갑자기 쿨쩍쿨쩍 울기 시작했다. 그리고 사내는 말했다.

"삼십 년 만에 고향 바다를 보니 슬픔이 납니다."

'눈물이 난다' 도 아니고 '슬픔이 난다' 라는 비문非文과 함께 '고향' 이라는 말은 그때 내게 생경한 울림으로 다가왔었다. 추석이나 설이면 고향으로 향하는 자동차들의 물결을 보노라면 행인지 불행인지 젊은 시절의 몇 해를 제외하고는 고향을 떠나 본 적이 없는 나는 오래 전 열차에서 만났던 그 사내를 떠올리며 고향이라는 말의 찡한 느낌을 짐작해 볼 뿐이다.

『그대 다시 고향에 못 가리You Can' t Go Home Again』는 존 스타인벡의 『분노의 포도The Grapes of Wrath』와 더불어 1920년대 후반 미국의 대공황기의 서민들의 강팍한 삶과 그로 인한 인간성의 파괴를 고발한 토머스 울프의 소설이다. 10년 만에 고향에 돌아온 주인공은 평화롭던 고향이 무분별한 개발과 사람들의 탐욕으로 인해 아수라장이 되어 버린 현실을 보며 기억의 도피처마저 잃어버렸다는 상실감에 분노한다.

내 친구 김승기 시인의 고향은 밀물 때면 마을 앞까지 바닷물이 들어오던 정겨운 곳이었다고 한다. 중국과의 수교로 인한 개발 붐으로 어릴 때 조개도 캐고 미역도 건지며 뛰어놀던 마을 앞 바다는 매립되고 하루에도 몇 개씩 공장이 들어서는 바람에 고향을 영영 잃어버린 것 같다고 말하는 그의 얼굴에 쓸쓸함이 번진다. 그에게 고향은 어머니가 뜨신 밥에 갓 잡아온 곤쟁이를 얹어 쓱쓱 비벼 주시던 희미한 맛으로만 남아 있다. 그의 기억 속에 그리움으로 남은 곤쟁이 밥이라는 것은 고등학교 때 겨우 첨으로 바다 구경을 해 본 나로서는 도무지 상상조차 할 수 없는 맛이지만 그의 고향을 잃은 자로서의 비애만큼은 어렴풋 짐작이 된다. 따뜻한 기억이 있던 과거의 시간 속으로 돌아갈 수 없는 우리 모두가 다 실향失鄕의 아픔을 안고 살아가고 있는지도 모르지만.

훈련소에서 조교들이 훈련병을 울리기란 손바닥 뒤집듯 쉬웠다. 낮은 포복, 높은 포복 뺑뺑이를 돌리고 난 다음에 〈고향의 봄〉을 부르게만 하면 되었다. '나의 살던 고향은 꽃 피는 산골' 까지는 잘 나가다가 '복숭아꽃 살구꽃' 쯤에서부터 여기저기에서 훌쩍이는 소리가 들리기 시작하면서 '그 속에서 놀던 때가 그립습니다' 에서는 온통 울음바다가 되곤 했다.

그러나 지금은 실향의 시대인지도 모른다. 요즘 젊은이들의 노래에서는 고향이라는 말을 눈을 씻고 찾아 봐도 없다. 지난 시절 우리의 유행가에 가장 많이 등장했던 말이 고향일 것이다. 수난의 시대를 살았던 우리의 아버지 어머니들은 일제의 수탈을 피해 만주로, 간도로 떠돌면서, 이고 지고 피난길에 오르면서. 산업화의 물결에 밀려 도시로 떠나면서도 언젠가는 돌아갈 고향을 가슴에 품고 내려놓지 않았다. 그리고 그 절절한 그리움이 노래로 남았다.

'타향살이 몇 해던가 손꼽아 헤어보니' 의 고복수의 〈타향살이〉부터 '구름도 울고 넘는 울고 넘는 저 산 아래' 의 오기택의 〈고향 무정〉, 나훈아의 '코스모스 피어 있는 정든 고향 역' 에 이르기까지 고향은 마치 어머니처럼 지울 수 없는 그리움의 실체로 남아 있는 것이다.

'넓은 벌 동쪽 끝으로 옛 이야기 지즐대는 실개천이 휘돌아 나가고/ 얼룩백이 황소가 해설피 금빛 울음을 우는 곳/ 그 곳이 참하 꿈엔들 잊힐리야'

한국인이 가장 좋아하는 시도 정지용의 「향수鄕愁」임은 말할 것도 없고 팝송에서조차 예외가 아니다. 톰 존스의 〈고향의 푸른 잔디Green,Green Grass of Home〉와 존 덴버의 〈고향으로 데려가 주오Take Me Home Country Road〉가 부동의 애창곡으로 자리 잡고 있는 것이다.

고향은 떠도는 자의 정체성正體性이기도 했다. 그 이름 앞에 (또는 뒤에) 고향을 붙여서 부르기도 했던 것이다. 나사렛 예수가 그랬고 라만차의 돈키호테가 그랬고 잔다르크(Jeanne d' Ark에서 아르크는 지명이다)가 그랬다. 한국인들의 피 속에는 어느 민족보다도 진한 향수의 DNA가 녹아 있다. 우리의 이력서나 증명서에는 대다수의 다른 나라들에는 없는 고향이 본적本籍이라는 항목으로 존재하고 있는 것이다.

'호마는 북쪽에서 불어오는 바람을 향해 서고 월나라 새는 남쪽으로 난 가지를 가려서 앉는다[胡馬依北風 越鳥巢南枝]' 라는 고시古詩에서도 이르듯 고향 까마귀만 봐도 반가운 것이 우리의 정서이고 고향은 언젠가는 우리가 돌아가야 할 그 곳이다. 추석이 가까워오면서 거리마다, 동네 들머리마다 고향에 오심을 환영한다는 현수막들이 내걸리고 있다. 고향을 찾으시는 분들은 부디 차례를 지내기가 바쁘게 떠날 채비하지 마시고 이틀쯤 더 고향집에 머무시라. 어머니와 함께 누워 밤새워 옛날 애기도 도란도란 나눠보시고 어릴 적 뛰놀던 동산에도 오르시고 변함없이 뒤뜰을 지키고 서 있는 감나무에도 따뜻한 눈길 한 번 주시라. 아이 손잡고 옛날 다니던 학교에도 가 보시고 메뚜기 잡으러 논길로도 들어서 보시라. 시멘트집에서 태어나 시멘트를 밟고 사는 아이에게도 언제나 그리운 고향 하나 정도는 만들어 줘야 하지 않겠는가?

오랜 세월이 흘렀건만 빌어 본다. 비둘기호 영동선 완행열차 차창에 기대 울던 그 사내에게 고향이 어머니 품속처럼 따뜻했기를.

가을의 유혹

'가을 전어 굽는 냄새에 집 나간 며느리도 돌아온다.'

'가을 전어는 며느리 친정 간 사이 문 걸어 잠그고 먹는다.'

이 속담들이 갯가로 시집온 며느리들이 만만해서 생겨난 게 아닌 것은 물론이다. '가을 전어 대가리엔 참깨가 서 말' 이라는 말도 있듯이 가을 전어의 도무지 뿌리칠 수 없는 유혹을 이르는 말들이다.

봄철에 그 살맛이 차지기도 하고 갓 돋아난 쑥을 넣어 끓인 도다리쑥국의 맛이 기특해 '봄 도다리' 라는 말이 있고, 초장과 갖은 야채를 버무려 만든 봄철의 멸치회 맛이 일품이어서 '봄 멜(멸치)" 이라는 말이 있기는 하지만 전어처럼 그 앞에 계절 이름이 붙어야 비로소 완성되는 어종은 아마 없을 것이다.

이 고기는 그 고소한 맛 때문에 예로부터 '신분의 귀천 없이 돈錢 귀한 줄 모르고 먹는 생선'이라는 의미로 '전어錢魚'라는 이름을 갖게 되었다고 한다. 신유박해(1801, 천주교 박해 사건) 때 천주학쟁이로 몰려 푸르다 못해 검은 섬 흑산도로 유배된 정약전(다산 정약용의 둘째 형)이 바다 밑에 사는 155종의 물고기들의 모양과 습성을 조사해 세밀하게 기록해놓은 『자산어보茲山魚譜』는 '맛이 달고 기름지다'라는 기록과 함께 그 모양이 화살촉 같다 하여 '전어箭魚'라는 이름을 붙여 주었다. 여름철 먼 바다에서 산란을 마친 이 고기들은 가을이 오면 살이 올라 포실해져서 우리나라 서남해 앞바다로 난류를 타고 올라와 '가을의 전설'이 되어 우리를 유혹한다.

유난히 맛의 유혹에 취약한 자로서 당연히 가을 전어의 추억 몇 가지를 가지고 있을 수밖에 없다. 대여섯 시간이나 차를 달려 그 포구에 도착한 것은 뉘엿뉘엿 짧은 가을 해가 바닷물을 붉게 물들일 무렵이었다. 섬진강이 바다로 빠져드는 광양만의 망덕포구는 전어 잡이와 전어 축제로 이름난 아담한 바닷가 마을이었다. 늘어선 여남은 개 횟집들 중 하나를 골라 바다 쪽으로 내놓은 평상에 자리를 잡고 앉아 스산한 가을바람에 치자빛깔로 잔잔하게 찰랑이는 내해內海의 물결을 넋을 놓아 바라보고 있는데 "긍게 징허게 거시기허요잉." 알 것도 같고 모를 것도 같은 지청구와 함께 화장을 진하게 한 횟집 안주인이 푸짐한 전어회 접시와 함께 넉살 좋게 평상에 척 엉덩이를 걸치고 앉았다.

'아득한 날의 치잣물 같은 낙조가/ 잔물결 위로 내려 와/ 경구警句처럼 메마른/ 괭이갈매기 울음 물들이고/ 세월의 더께 내려 앉아/ 분식회계粉飾會計 같은/ 횟집 여자 얼굴과/ 주반 위 접시에 얄브랗게 썰어져/ 덧없이 말라가는 전어의 살점들과/ 떠나간 사랑의 그림자를 물들이며/ 살아 있는 날의 가을 저녁/ 아, 저물어가네'

전어와 두어 병의 소주와 물결 위에 내린 낙조와 함께 그렇게 붉게 물들어 가던 가을 저녁이 있었다.

'달빛 한 쌈 전어 한 쌈' 이라는 시구가 거짓말처럼 재현된 것은 멀리 창선도의 불빛이 보이던 남해도의 어느 어촌의 바지선 위에서였다. 휘영청 밝은 달빛이 바닷물을 일렁이게 하고 정박한 바지선을 흔들고 가을밤 나그네의 심사를 소슬하게 물들였다. 두툼하게 뼈째 썬 전어를 깻잎에 싸서 볼이 메도록 우겨넣고 우적우적 씹었다. 입 안 가득 달빛이 고이는지 전어의 고소함이 고이는지 울컥 눈물이 날 것 같았다. 이건 결코 과장도 엄살도 아니다. 이렇게 행복하다 혹시 죽는 것은 아닐까 겁이 나기도 했다. 오늘이 음력으로 열하루, 달이 차오르고 있다. 남도의 어느 으슥한 바다로 떠나 가을의 전설 전어와 만나시라. '달빛 한 쌈 전어 한 쌈' 의 경지가 그리 멀리 있는 것은 아닐 것이다. 그래도 남도는 너무 멀다. 망덕포구나 남해도까지 가지 않더라도 전어를 만날 수는 있다. 발달한 운송 수단 덕택에 내륙에서도 그 고소한 것을 맛볼 수 있기 때문이다.

'가을 전어 제대로 즐기기' 라고 하면 될까, 먹는 이마다 취향이 다르기야 하겠지만 대충 이렇게 먹는 게 좋을 것 같아서 듣거나 말거나 팁 몇 가지 늘어놓아 보련다.

팁 1, 수족관에 비실비실 누워 있는 놈이 보인다면 그 집 전어들은 자연산일 공산이 크다. 자연산 전어란 놈은 수족관에서 이틀을 버티지 못하기 때문이다.

팁 2, 전어 구이를 몸통 부분만 젓가락으로 깨작거리는 것은 전어에 대한 모독이다. 대가리부터 우적 깨물어 먹어야 한다. 대가리에 들어 있다는 참깨 서 말을 꺼내 먹지 않고서야 어찌 전어를 먹었다고 말할 수 있겠는가? 머리부터 꼬리까지 뼈째 먹어야 한다.

팁 3, 회로 먹을 때 뼈를 발라내고 포를 뜨는 것은 하품下品의 맛에 속한다. 뼈째로(일본 말로 세꼬시라고 하지만 전라도 사람들이 뼈꼬시라고도 한다) 두툼하게 썰어야 한다. 그냥 초고추장이나 고추냉이(와사비) 장에 찍어 먹는 것은 2프로 부족한 맛이 아니라 98프로 부족하다. 깻잎 두 장 쯤에다 고추와 마늘을 얹고 초고추장과 된장과 고추냉이를 적당한 비율로 버무린 장을 듬뿍 찍어 쌈을 싸 먹는 것이 전어 맛의 완성이라 할 것이다.

팁 4, 전어의 본고장 사람들은 손질할 때 꺼내는 내장(밤톨 같이 생겨 '밤' 이라고 부르던가)을 기름소금에 찍어 먹는 걸 최고로 치지만 억지로 권하지는 않겠다. 진미와 조우하는 것이 때로는 모험일 수 있기 때문이다. 내장으로 담그는 돔배젓은 아주 먹을 만하다.

이웃나라의 방사능 누출로 세상 거의 모든 맛의 보고인 바다가 오염돼 무얼 먹고 살아야 할지 우울하다. 해산물들은 물론이고 전어까지 찾는 사람들의 수가 급감했다고 한다. 맛의 유혹에 유난히 취약하지만 나도 건강을 담보로 하면서까지 맛을 좇을 위인은 못 돼 알아볼 만큼 알아보았다. 우리나라에서 잡히거나 양식한 것은 전혀 문제가 없단다. 이 가을이 가기 전에 가을의 유혹과 만나시라. 다시 기다려야 할 일 년이 너무 길지 않은가?

바람이 분다, 살아야겠다

바람이 불어 집 앞 굴참나무 가지를 떠나 날리는 잎들이 창을 가득 채우던 날, 며칠째 그 노래에 꽂혀 있다는 한 친구에게서 이소라의 〈바람이 분다〉를 처음 들었다.

바람이 분다
서러운 마음에 텅 빈 풍경이 불어온다
머리를 자르고 돌아오는 길에
내내 글썽이던 눈물을 쏟는다

그날 그 노래는 바람소리처럼 내 오후를 울리며 지나갔고 나는 '바람이 분다' 라고 제목을 적었지만 더 이상 아무것도 써내려갈 수가 없었다. 오늘, 하릴없이 내다본 창밖의 굴참나무 가지들 끝에 잎들이 다 사라지고 없다. 다시 '바람이 분다' 라는 그 제목 앞에 한참 앉아 있었다.

미당의 말처럼 우리를 키운 것도 8할이 바람 아니었을까? 복사꽃들을 무리지어 날리게 하던 봄날의 설레던 바람과 더운 대지를 식혀 주던 여름 저녁 바람, 옷깃을 여미게 하는 늦은 가을의 스산한 바람, 회색의 휘파람 소리로 얼어붙은 들판을 쓸고 가던 겨울바람 속을 울고 웃고 한숨지으며 걸어온 게 우리의 삶 아니었을까? 곧 무대에 오를 내 연극 〈연꽃 만나러 가는 바람같이〉의 첫 대사를 '오, 내 생애의 마지막 바람이여 불어오라' 라고 쓴 것도 아마 간단한 우연은 아니었으리라. 우리는 누구나 바람 속에 있는 것이다.

바람은 이 거대한 우주의 숨이고 기운이다. 물과 불조차도 바람이 없으면 존재할 수 없다. 바람이 구름을 모아 비를 부르고 바람이 있어야 불도 혀지 않던가? 우리의 모든 세상사 뒤에도 언제나 바람이 있다.

'무슨 바람이 불어 예까지 왔나? 라는 말에는 살아가는 날들의 인연이, '신바람이 난다' 에는 삶의 역동성이, '바람을 피운다' 라는 말에는 불온한 에로티시즘이 들어 있다. '바람과 함께 사라지다' 에서는 삶의 허무가, '바람 따라 흘러간다' 라는 말에서는 정처 없는 우리 삶의 비의悲意가 진하게 배어 난다.

베르디의 오페라 〈리골레토〉에 나오는 아리아의 〈바람에 날리는 갈대와 같이〉는 마음의 덧없음을 말해 주고 한대수의 노래 '저 언덕 위로 나뭇잎 사이 불어가는' 은 바람의 자유를 이야기 한다.

'누가 바람을 보았는가/ 당신도 아니고 나도 아니지/ 그러나 나뭇잎이 흔들릴 때는/ 바람이 그 사이로 지나가고 있는 거야'

미국의 여류시인 크리스티나 로제티의 시는 우리 삶의 비밀스런 속삭임 같은 것을 들려주고 있다. 록그룹 캔사스는 우리 귀에도 익어 있는 그들의 대표곡 〈바람속의 먼지Dust in the Wind〉에서 노래한다.

'내 모든 꿈은 눈앞에서 사라져 가 버리고 우리 모두의 존재는 바람 속의 먼지일 뿐' .

살아오면서 내게 가장 큰 울림을 주었고 지금도 가장 좋아하는 노래는 단연 밥 딜런의 〈바람만이 아는 대답Blowing in the Wind〉이다.

'얼마나 많은 길들을 걸어야 한 사람으로 설 수 있을까? 얼마나 많은 바다를 건너야 흰 비둘기는 모래톱에서 잠들 수 있을까? 얼마나 많은 포탄들이 날고서야 전쟁이 끝날 수 있을까? 친구여, 그 대답은 불어가는 바람만이 안다네. 바람만이The answer, my friend, is blowing in the wind. The answer is blowing in the wind'

무라카미 하루끼의 첫 소설 『바람의 노래를 들어라』도 밥 딜런에게 영감을 받았던 게 틀림없다. 우리 삶의 비밀스런 의미들을 속삭이며 바람은 오늘도 불어가고 있다.

윤동주는 바람의 시인이었다.

'잎새에 이는 바람에도 나는 괴로워했다/ ……/ 오늘밤에도 별이 바람에 스치운다(「序詩」)', '우물 속에는 달이 밝고, 구름이 흐르고, 파아란 바람이 불고, 가을이 있습니다(「자화상」)', '어둔 방은 우주로 통하고 하늘에선가 소리처럼 바람이 불어온다(「또 다른 고향」)'

암울한 시대의 바람소리에 귀 기울이고 있는 시인의 모습이 늦가을 바람소리처럼 스산하다. 김춘수의 「서풍부西風賦」처럼 너도 아니고 나도 아니고, 아무것도 아니고, 아무것도 아닌데, 꽃인 듯 눈물인 듯 어쩌면 이야기인 듯 누가 그런 얼굴을 하고, 간다. 지나간다. 바람이다.

다시 이소라의 〈바람이 분다〉를 듣는다.?

'나의 이별은 잘 가라는 인사도 없이 치러진다/ 세상은 어제와 같고 시간은 흐르고 있고/ 나만 혼자 이렇게 달라져 있다/ 내게는 천금 같았던 추억이 담겨져 있던 머리 위로 바람이 분다/ 눈물이 흐른다'

그렇다. 우리 모두는 바람 속에 있다. 풍진風塵 세상이라고 하지 않던가? 풍상風霜과 풍파風波가 없는 삶이 어디 있으랴?

오래 전 장난삼아 외워 두었던 폴 발레리의 「해변의 묘지」의 한 구절을 서툰 프랑스말로 중얼거려 본다.

'르 방 세 레브. 일 포 땅떼드 비브르(바람이 분다. 살아야겠다)'

4부 추운 날

눈, 눈
별이 빛나던 밤
창窓
그리운 우리 님의 맑은 노래는
저녁의 인사
해야, 솟아라
추운 날
다섯 번째 죄
그리운 명태
쏘울 푸드
굿바이, 패티 페이지
복수는 나의 것
새들도 둥지를 떠난다
불한당들의 세계사
달이 차오른다, 가자

눈, 눈

며칠 전 내린 눈이 산과 들에 하얗다. 춥고 긴 겨울에 하나의 축복이 있다면 그것은 눈 내리는 일일 것이다. 자고 일어나면 거짓말처럼 천지를 하얗게 만들어 놓는 도둑눈도, 사락사락 뜰 위에 내리는 싸락눈도, 나무들의 어깨를 추레하게 늘어뜨리게 하는 진눈깨비도, '먼 곳의 그리운 소식처럼 소리 없이 흩날리는' 포슬눈도 겨울이라서 누릴 수 있는 축복이요 기적이다.

올겨울 들어 처음 눈다운 눈이 내리던 날, 정강이까지 차오르는 눈을 헤치고 냇가로 갔다. 길 옆 눈밭에는 산에서 내려온 고라니 두 마리가 뛰놀고 있었고 수리부엉이가 살고 있는 물 건너 바위산은 눈에 덮인 채 고요했다. 눈 내리는 것 외에는 아무 일도 일어나지 않을 것 같은 살얼음이 낀 냇가 눈밭에서 어깨에 눈이 손가락 한 마디쯤 내려 쌓일 때까지 서 있었다. 일체의 색깔도 끼어들 여지가 없는 새하얀 눈밭을 보고 있노라면 가끔 옛날 읽었던 천승세의 소설 『혜자의 눈꽃』 생각이 난다. 맘에 둔 여인이 눈 위에 눈 오줌자국이 눈 속에 노랗게 꽃으로 피어 있더라는. 언뜻 그 생각이 떠오르면 나도 그 하얀 눈 위에 노란 꽃 한 송이 그려놓고 싶은 유혹을 쉬 떨쳐버릴 수 없다. 눈 오는 날에는 세상의 그 무엇도 꽃이 될 수 있는 것이다.

눈은 순결이다. 눈은 황량하고 야박한 세상에도 내리고 때 묻은 우리 마음에도 내린다. 신부의 웨딩드레스도 눈처럼 하얘야 하고 동화 속의 순결한 공주의 이름도 '백설 공주Snow White' 여야 한다. 미인의 하얀 피부를 일컬어 설부雪膚라고 하기도 한다. 우리에게 「낙엽」이라는 시로 잘 알려진 프랑스의 시인이자 철학자인 구르몽은 이렇게 눈을 노래했다. '시몬, 눈은 네 맨발처럼 희다/ 시몬, 눈은 네 무릎처럼 희다/ 시몬, 눈은 네 손처럼 희다.' 눈은 고요하면서도 순결한 흰 빛의 언어이다.

눈은 위로이기도 하다. 어두운 도시의 뒷골목을 걸어가는 작고 초라한 그림자 위로도 눈이 내리고, 남루하고 외로운 언덕배기 산동네의 낮은 지붕들 위로도 눈이 내리고, 떠나간 사람의 무정한 발자국 위로도 눈은 내린다.

강원도에서 군대 생활을 한 사람이라면 누구나 지루하고도 막막한 제설 작업의 기억을 가지고 있을 것이다. 진종일 가래로 밀어내고 빗자루로 쓸어내어도 부대 뒤의 긴 고갯길 위로 눈은 내리고 또 내리고, 쌓이고 또 쌓였다. 이따금 어깨를 펴고 작업복의 잔등이 땀에 젖어 김이 무럭무럭 피어오르는 채로 아득히 눈 덮인 산들과 그 사이로 이어진 희미한 길들을 보노라면 막막한 단절감과 고독감이 가슴 가득 밀려들곤 했었다. 때로 눈은 막막한 단절이기도 한 것이다. 오랜 고독과 절망과 그리움의 소설인 김주영의 『홍어』는 '거위 털 같은 함박눈이 내려 쌓이고' 있는 산골마을의 바깥세상과의 단절을 묘사하는 것으로 시작된다. 런던 뒷골목의 작은 극장에서 1952년에 초연되어 오늘에 이르기까지 세계 최장수 롱런 기록을 세워가고 있는 아가사 크리스티의 추리 극 〈쥐덫The Mousetrap〉도 폭설로 모든 것이 두절된 산장에서 벌어지는 연쇄 살인을 이야기한다.

고독하게 떠돌던 내 스무 살의 기억 속에서도 언제나 눈이 내렸다. 폭설로 배가 끊겨 그 섬의 하나밖에 없던 작은 다방에서 청소도 하고 커피도 끓이며 눌러앉았던 울릉도의 날들에는 매일같이 허리춤까지 쌓이도록 눈이 내렸고, 눈 내리는 바다를 건너 뭍으로 나와 걸어가던 신작로길 위로도 매서운 눈바람이 몰아쳐 길가의 전깃줄들을 울려 닝닝거리게 했고, 열이레 만에 닿은 주문진 부두의 배들도 폭설주의보로 발이 묶여 묵묵히 눈을 맞고 있었다.

눈은 그리움이다. 백석도 '가난한 내가 아름다운 나타샤를 사랑해서' 눈이 내린다고 하지 않던가. 첫눈은 찾아올지도 모를 사랑에 대한 아스라한 설렘이고 봄눈조차도 잔잔하게 남은 겨울의 마지막 추억이다. 그 스무 살의 내 방랑의 길에서도 가장 자주 읊조렸던 노래가 소월의 「눈 오는 저녁」이었다. '바람 자는 이 저녁 흰 눈은 퍼붓는데/ 무엇하고 계시노 같은 저녁 금년은/ 꿈이라도 꾸면은 잠들면 잊을런가/ 잊었던 그 사람이 흰 눈 타고 오시네.' 그림쟁이 내 친구 하나가 술이 취하면 밑도 끝도 없고 종작도 없이 한여름에도 불러재껴 질리게 하는 노래가 〈눈이 내리네〉이다. '하얀 눈을 맞으며 사라지는 네 모습/ 흰 눈 속에 가려져 보이지 않네' 라고 애절한 가사로 번안 돼 불리어지는 이탈리아의 칸초네인 이 노래는 까르멜로 자풀라가 불렀고 아다모가 샹송으로 번안해 부르기도 했다. 그 가사가 너무 시적이라 옮겨본다. '눈이 내리고 있어요/ 오늘 밤 그대는 오지 않겠지요/ 세상은 절망의 순백純白/ 하얀 고독/ 눈은 내리고/ 오늘 밤 그대는 오지 않겠지요'

그대여, 오늘 아니면 내일, 그리고 아니면 다음의 어느 날에라도 기적처럼 눈이 내리면 뽀드득 뽀드득 눈을 밟으며 하얀 눈길을 걸어보시라. 오래 잊혀졌던 지난날의 기억이 뒤따라오는 발자국 소리를 듣게 될 것이다.

미당은 눈 내리는 모습을 보면서 시름없이 읊조렸다. '괜찮다 괜찮다 괜찮다 괜찮다/ 수부룩이 내려오는 눈발 속에서는/ 까투리 메추레기 새끼들도 깃들이어 오는 소리// 괜찮다 괜찮다 괜찮다 괜찮다/ 폭으은히 내려오는 눈발 속에서는/ 낯이 붉은 처녀아이들도 깃들이어 오는 소리' 눈 내리는 날의 음악으로 고전이 된 줄 스타인의 〈눈 내려도 괜찮아Let It Snow〉가 있다. '그대여, 우리가 비록 이별하고 있지만 사랑이 있는 한은 눈이 내려도 괜찮아And, my dear, we' re still goodbyeing. But as well as you love me so. Let it snow, let it snow, let it snow'

그래, 눈 내리는 모습 썩 괜찮지 않은가?

별이 빛나던 밤

인류의 역사에서 가장 신비스럽고, 가장 많은 사람들이 기념하고, 가장 많은 이야기를 지닌 밤이 있다면 그것은 단연 아기 예수가 태어나던 그 밤일 것이다. 성탄 노래에도 있듯이 고요하고 거룩하고 온 세상이 정적에 잠긴 환하게 빛나던 밤Silent night, Holy night. All is calm, All is bright이었다. 작고 초라한 마구간 안에는 가난한 목수(요셉)와 그의 아내(마리아)가 갓 태어난 아기를 포대기에 싸서 말 여물통에 뉘인 채 상념에 잠겨 있었을 것이고 이따금 아기의 칭얼대는 소리와 하얀 입김을 뿜어내며 말들이 쿨쿨거리는 소리가 그들의 심사를 한층 더 고적하게 했으리라. 가장 높고 빛나는 곳의 신의 아들이 가장 낮고 초라한 마구간에서 태어났던 그 밤은 그래서 더욱 신비스럽고 상징적인 분위기를 자아낸다.

그러나 그날 밤을 더욱 신비롭게 만든 세 조연助演들은 그 마구간 밖에 있었다. 동쪽 하늘에서 나타난 큰 별과 양들 틈에서 잠을 청하던 목동들과 동방에서 온 박사들이 그들이었다.

어둡고 적막하던 밤하늘에 갑자기 나타나 환한 빛을 뿌리는 거대한 별! 아기 예수의 탄생을 알리던 그 별을 후세의 사람들은 '슈퍼스타Super Star'라고 불렀고 그날 밤의 아기 예수의 다른 이름이었다. 1970년, 스물두 살의 앤드루 로이드 웨버(〈캣츠The Cats〉, 〈오페라의 유령Phantom〉 등으로 그는 뮤지컬의 전설이 되었다)는 〈지저스 크라이스트 슈퍼스타Jesus Christ Super Star〉라는 불후의 명작을 남기기도 했다

캄캄하고 적막한 들판에서 양들 틈에서 잠을 청하려던 양치기들은 하늘에서 큰 별과 함께 나타난 천사들의 합창 소리를 듣고 선잠에서 깨어난다. 아기 예수를 만난 최초의 사람들이 보잘것없고 초라한 양치기들이었다는 것 또한 가장 낮은 곳으로 찾아오는 성탄의 진성한 의미를 말해 준다. 맨 먼저 이기 예수를 영접한 공로로 양치기shepherd는 가장 신성한 직업이 되었다. 오늘날의 목사牧師는 양치기를 의미하는 목자牧者에서 생겨난 말이다. 우리의 소년시절을 설레게 했던 알퐁스 도데의 단편 「별」의 양치기가 아름다운 주인집 아가씨에게 하는 말에서도 양치기의 별이 죽은 영혼들을 천국으로 인도하는 별이라

고 하지 않던가?

세 번째로 나타난 조연들은 수많은 성극聖劇들과 성화聖畵에 단골로 등장하는 동방 박사 세 사람이다. 동방이라 함은 페르시아(지금의 이란)나 아라비아 반도 쯤으로 추정할 수 있을 것이고 박사란 점성술사占星術士들로 이해하면 될 것이다. 전승傳承에 따르면 열두 명이었다고 하기도 하지만 그들이 세 사람이었다는 기록은 성경 어디에도 없다. 아마도 그들이 아기 예수에게 바친 선물이 황금과 유향과 몰약이었다는 데서 기인했을 것이다. 가난한 남편 짐과 헌신적 아내 델라는 서로에게 크리스마스 선물을 주기 위해 짐은 시계를 팔아 델라의 머리 장식을 사고 델라는 머리카락을 팔아 짐의 시곗줄을 산다는 유명한 오 헨리의 단편소설 「크리스마스 선물」의 원래의 제목은 「마기의 선물The Gift of Magi」이다. 여기서 '마기'란 그 동방 박사들을 의미한다.

크리스마스의 환상을 완성하는 세 가지는 싼타클로스와 크리스마스 캐럴과 화이트 크리스마스에 대한 기대일 것이다. 싼타클로스의 기원은 4세기경의 러시아 사제 성 니콜라스Saint Nicholas였다고 한다. 그러나 그는 도둑과 강도와 협잡꾼들의 수호자였다. 그가 아이들에게 선물을 주기 위해 몰래 굴뚝으로 들어오는 연유를 알 것도 같다.

요즘 들어 크리스마스 캐럴들이 잘 들리지 않는다고 한다.

12월 초가 되면 거리의 전파사나 라디오에서 〈징글벨〉을 시작으로 〈북치는 소년〉이나 〈기쁘다 구주 오셨네〉, 〈첫 번째 크리스마스First Noel〉, 〈창밖을 보라〉, 〈은종Silver Bel〉 같은 노래들이 끊임없이 흘러나와 사람들을 들뜨게 했었는데, 무거워진 크리스마스의 분위기가 혹 크리스마스에 연인에게 바쳐야 할 값비싼 선물에 대한 고민 때문은 아닐까? 집에서 부리는 하인들에게만 선물을 주는 것이 원래의 크리스마스 풍습이었다는 걸 잊어서는 안 된다.

비싸지 않아도 마음을 담아낼 수 있는 카드라는 아름다운 선물을 잃어버린 것도 안타까운 일이다. '나는 하얀 크리스마스를 꿈꾸지/ 내가 쓰는 크리스마스카드로/ 그대의 날들이 밝고 행복해질 수 있기를/ 그리고 당신의 크리스마스에 하얀 눈이 내리기를I' m dreaming of a white Christmas/ With every Christ card I write/ May your days be merry and bright/ And may all your Christmases be white' 1942년에 나와 무려 3천만 장의 음반이 팔려 기네스 기록에도 올랐다는 빙 크로스비의 〈화이트 크리스마스〉의 한 대목이다.

올 크리스마스에는 눈이 내릴까? 기대에 부풀었다가 지나고 나면 허무했던 크리스마스의 기억을 누구나 가지고 있을 것이다. 대개의 기다림이 그러하듯 환상과 현실 사이에는 언제나 거리가 있는 법이다. 특히 크리스마스에 있어서는 더.

창窓

사람에게는 눈이 세상을 내다보는 창이듯이 집에 있어서는 창이 세상 풍경과 소통하는 눈이다. 우리는 누구나 그게 무엇이든 세상과 통하는 창을 가지고 있으며 바깥세상과 소통하고자 하는 욕구를 가지고 있다. 1993년 마이크로소프트가 새로운 인터넷 운용 체계를 만들고 그 이름을 '윈도우즈windows' 라고 지은 것도 아마도 그런 이유에서일 것이다. 오늘날 세계의 개인 컴퓨터 운용 체제의 90% 이상을 점유하고 있는 윈도우즈는 우리의 소통 욕구의 그야말로 창이 되고 있는 것이다. 알프레드 히치콕 감독의 영화 〈이창異窓, The Rear Window〉은 다리를 다쳐 꼼짝하지 못하는 사진작가가 창문을 통해 맞은편 아파트에서 벌어진 살인 사건을 목격하는 것으로 시작해 우리 인간의 내면에 숨어 있는 관음증觀淫症을 파헤치고 있다.

오늘날 지하철이나 에스컬레이터에서 휴대전화로 여자들의 치마 속을 몰래 찍는 치한들이 말해 주듯 인간은 누구에게나 훔쳐보고 싶은 은밀한 욕구가 있다. 이렇듯 사람들의 모습이나 행위들을 보는 것은 때로는 비윤리적일 수 있지만 자연을 보는 것이 비난받을 리 없다.

오래 전 처음 내 집을 지을 때 설계하는 친구에게 한 나의 유일한 요구는 '밖에서 보는 집이 아니라 안에서 밖을 내다보는 집' 을 만들어달라는 것이었다. 밖에서는 창고처럼 보여도 상관없지만 바깥의 풍경을 안으로 불러들이는 집을 짓고 싶었던 것이다. 지은 지 오래 된 집이지만 아직도 내가 그 집을 좋아하는 것은 넓은 창으로 아무 죄의식 없이 시시때때로 바뀌고 변화하는 자연의 모습을 볼 수가 있어서 싫증을 느낄 틈이 도무지 없다는 이유에서일 것이다.

지은 이 없이 전해 오는 시조에 이런 게 있다.

'창 내고자 창 내고자 이 내 가슴에 창 내고자/ 이따금 하 답답할 제면 여닫아 볼까 하노라'

우리말에만 있다고 하는 '화병火病' 의 원인이 열고 닫지 않아도 바깥세상이 내다보이는 유리 창문이 없던 가옥 구조 때문은 아니었을까? 창밖으로 한강이 잘 내다보이는 고층 아파트에 살고 있는 주부들이 우울증에 잘 걸린다는 믿을 수 없는 통계가 있긴 하지만.

내가 대중교통으로 먼 거리를 여행할 때 버스보다는 기차를 이용하는 것은 순전히 넓은 차창으로 내다보이는 바깥 풍경 때문이다. 초록이나 황금빛으로 일렁이는 들판이나 눈 덮인 탄광지대나 때로는 기적처럼 차창을 가득 채우는 바다의 풍경들의 유혹을 쉬 떨쳐버릴 수 없기 때문인 것이다. 캄캄한 밤기차의 차창으로 얼핏얼핏 스치고 지나가는 역등驛燈들조차 포기할 수 없는 여행자의 호사가 된다. 곽재구는 그의 시 「사평 역에서」에서 그 밤기차의 차창에 어리는 그리움과 아련한 아픔을 노래하고 있다.

'단풍잎 같은 몇 잎의 차창을 달고 저 밤 열차는 또 어디로 흘러가는지'

가와바타 야스나리가 그의 노벨상 수상 소설인 『설국雪國』의 첫머리에서 밤 차창에 비친 유코라는 여인의 눈동자의 신비한 아름다움에 대한 동경을 매혹적으로 그려 놓았듯이 내게도 눈 내리는 저녁이면 문득문득 떠오르는 차창의 기억이 있다.

겨울 저녁이었고 눈이 내리고 있었다. 암청색으로 물들어가는 어느 역 머리에 중학생이던 내가 탄 기차가 멎었다. 차창에 낀 성에를 입김으로 불어 작은 동그라미를 만들어 밖을 내다보는데 두어 개의 철길을 건너 뛴 저쪽 편 기차의 차창에도 작은 동그라미가 생기더니 갈래머리를 한 소녀의 작은 얼굴이 나타나는 게 아닌가? 눈 내리는 저녁의 신기한 우연에 미소 지으며 우리가 짧은 눈길을 주고받은 것은 순간이었고 상행선과 하행선으로 나뉜 기차는 서로로부터 멀어져 가버렸지만 오랫동안 그 차창을 통해 만난 소녀의 눈동자를 잊을 수 없었다.

김창완은 〈창문 너머 어렴풋이 옛 생각이 나겠지요〉라고 노래했고, 박인환은 '바람이 불고 비가 올 때면 나는 저 유리창 밖 가로등 그늘의 밤을 잊지 못하지' 라고 읊었다. 창은 때로는 아련한 그리움의 통로이기도 하다.

창은 누군가에게는 마지막 순간에도 남아 있는 희망이다. 언제 보아도 우리를 매혹시키는 영화 〈사운드 오브 뮤직The Sound of Music〉에서 실의와 좌절에 빠진 마리아 수녀에게 원장 수녀가 말한다.

"신은 한쪽 문을 닫으면 어딘가에 창문을 열어 놓으신단다 When the Lord closes a door, somewhere he opens a window."

겨울이 오고 있다. 어린 시절, 문틀에 발라놓은 창호지 한 가운데에 손바닥만 한 깨진 유리 조각을 주워다가 붙여 놓은 작은 창(?)에 낀 성에 사이로 내다보이던 바깥세상은 온통 얼어붙은 회색빛이었다. 창을 통해 보는 그 우울한 회색의 풍경들도 우리가 춥고 긴 겨울을 나게 하는 따뜻한 위로일 수 있을 것이다.

그리운 우리 님의 맑은 노래는

'모든 예술은 음악의 상태를 동경한다.' 쇼펜하우어의 이 말은 음악이 가장 완벽한 형태의 예술이라는 뜻일 것이다. 달을 가리킬 때는 손가락이 필요하지만 음악은 손가락 없이도 달을 볼 수 있는 가장 원초적인 형태의 예술이란 뜻이기도 할 것이다. 1970년대의 가수 닐 다이아몬드는 그의 노래 〈Play Me〉에서 '당신은 가사가 되고 나는 곡曲이 되어You are the words, I am the tune' 완전한 사랑을 이루자고 했다. 가사가 있는 음악, 즉 노래야말로 음악의 완성이라는 이야기이다.

세계에서 가장 노래를 좋아하는 민족을 꼽으라면 이탈리아 사람들이겠지만 오히려 우리나라 사람들이 더하면 더했지 못하지는 않을 것이다. 골목마다 들어서 있는 노래방에다 가요주

점은 말할 것도 없고 '나는 가수다', '불후의 명곡' 같은 노래 잘하기 경연을 비롯해 스타를 발굴한다는 명목의 음악 오디션 프로그램들이 TV를 점령하고 있다. 대중문화 전체가 노래의 도가니 속에서 펄펄 끓고 있다고 해도 지나친 말은 아닐 것이다.

어떤 나라 사람들이 노래를 좋아한다는 것은 그 나라 사람들이 그만큼 예술적 성향이 강하다는 것을 의미할진데 그렇게 썩 개운하지 않은 기분이 되는 것은 왜일까? 아마도 그 노래 가사들이 우리에게 전염시키는 경박함 때문일지도 모른다. 젊은이들이 열광하는 노래들을 들어보면 대개가 '베이비, 내게로 와. 널 가져줄게.' 이거나 '꺼져. 널 차버리겠어.' 이고 그것조차 앞뒤가 안 맞는 후크송(낚시 바늘이라는 의미의 hook와 song이 합쳐진 말로 특정 가사를 반복해 중독성을 갖게 하는 노래를 의미한다. 소녀시대의 〈지Gee〉와 원더걸스의 〈텔 미〉가 대표적이라 할 수 있다)이 대부분이다.

슬픈 노래만 부르면 팔자가 슬퍼진다는 말이 있다. 일부이긴 하겠지만 그 천방지축의 노랫말들로 인해 젊은이들이 점점 즉흥적, 말초적이 되어가고 저급한 감성에 익숙해지는 것 아닐까 하는 것은 나만의 지나친 우려일까? 역시 일부이긴 하겠지만 어른들의 노래들조차 '오빠 술 한 잔 사줘' 라든지 넌 내 꺼고 난 니꺼라는 낯 뜨거운 노랫말을 담고 있는 터에 젊은이들만 탓할 수 없는 노릇일지 모르지만.

그 원형이 변형되지 않고 남아 있는 가장 오래된 노래는 5,000년 전 이집트 나일 강 가의 사람들이 부르던 두레질 노래라고 한다. 봄철의 나일 강의 홍수는 유명하다. 모든 골짜기의 눈 녹은 물들이 나일 강으로 모여들어 농토를 휩쓸고 지나가고 나면 토지의 경계가 사라져 버려 땅을 측정하는 학문이 필요해 생겨난 것이 기하학(geometry의 geo는 땅을 의미하는 접두사이다)이라고 할 정도이다. 그 강가의 사람들은 농사를 지어야 할 땅에서 물을 퍼내야 하는 고된 노동을 노래로 버티어 내었던 것이다. 우리에게도 많은 모심기 노래와 보리타작 노래 등이 전해져 오고 있지 않은가? 노동요勞動謠는 가장 오랜 노래들 중의 하나일 것이다.

노래는 사람들을 결집시키는 힘도 갖고 있다. '새벽종이 울렸네 새 아침이 밝았네' 라고 합창하던 1960년대의 〈새마을 노래〉가 그랬고, '산 자여 따르라' 라고 부르짖던 197, 80년대의 운동가요들이 그랬고, 2002년 월드컵의 〈오, 필승 코리아〉가 그랬다.

노래는 그 시대 사람들의 애환을 말해 주기도 한다. '울 밑에 선 봉선화야' 는 나라를 빼앗긴 민족의 설움을 대변했고, '버들잎 외로운 이정표 밑에 길을 묻는 나그네야 어딜 가느냐' 는 식민지 시대 백성들의 부초浮草 같은 삶을, '돌아오네 돌아오네 고국산천 찾아서' 는 해방 공간의 희망을, '굳세어라 금순아' 는 피난살이의 고단함을, '공장의 불빛' 이나 '미싱은 잘도 도네 돌아가네' 는 개발독재 시대의 여공들의 아픔을 노래했다.

영화 〈쉰들러 리스트〉와 〈쇼생크 탈출〉에서의 베토벤과 모차르트는 그래도 놓을 수 없는 희망의 다른 이름이었고 〈졸업〉의 싸이먼과 가펑클은 젊은 날의 불안과 방황을 노래하며 천 마디의 말보다 더 큰 울림으로 우리에게 다가왔었다.

요즘 영화나 TV 드라마에서 흔히 볼 수 있는 남자가 좋아하는 여자에게 노래를 부르며 프러포즈하는 장면은 17, 8세기에 이탈리아에서 생겨난 세레나데의 변형으로 볼 수 있을 것이다. 여자는 창가에 꿈꾸듯 기대어 서 있고 창 밑에서 한쪽 무릎을 꾼 남자는 그 맘에 둔 여자를 올려다보며 간절한 사랑을 담은 목소리로 노래를 부른다. '저녁의 노래' 라는 의미의 세레나데 serenade는 아마도 세상에서 가장 낭만적인 노래가 아닐까?

우리 민족의 DNA 속에 녹아들어 있는 가장 노래 같은 시가 있다면 단연 소월일 것이다.

'그리운 우리 님의 맑은 노래는/ 언제나 내 가슴에 젖어 있어요// 긴 날을 문 밖에서 서서 들어도/ 그리운 우리 님의 고은 노래는/ 해지고 저무도록 귀에 들려요/ 밤들고 잠드도록 귀에 들려요'

그런 맑은 노래 어디 없을까? 그립다.

저녁의 인사

모파상은 그의 소설 『여자의 일생』에서 '그 검은 달, 한 해의 맨 밑바닥에 뚫린 어두운 구멍과도 같은 12월은 천천히 흘러갔다' 라고 쓰고 있지만 12월처럼 허겁지겁, 허둥지둥 흘러가버리는 달이 또 있으랴? 12월은 늘 그렇게 안톤 슈낙의 『우리를 슬프게 하는 것들』의 휴가의 마지막 날처럼, 혹은 지고 있는 팀의 9회 말처럼 빠르게 흘러가버리고 저녁과 같은 어두운 마지막 몇 날과 마주하게 된다. 삼진을 당하고 타석을 물러나는 씁쓸한 기분이거나 덧없는 나이테 하나만 굳은살이 되어 우리 삶 어딘가에 더께처럼 내려앉는 막막한 기분이 되어 저물어가는 한 해의 끝자락을 쓸쓸히 바라보게 되는 것이다.

우리가 살아가는 어느 해인들 그렇지 않으랴만 올해도 유난히 일도 많고 탈도 많은 그야말로 다사다난多事多難했던 한 해였다. 정치하는 이들은 번번이 우리를 실망시켰고, 소통의 부재 속에 길을 잃은 젊은이들은 낮은 수준의 비판에 열광했고, 북에서는 포탄이 날아왔고, 사람들은 대안도 없이 보수와 진보로 나뉘어 멱살잡이에 골몰했고, 서민들은 양극화라는 상대적 박탈감에 움츠러들어야 했고, 어떤 이는 고독한 크레인에 올라가야 했고 한 독재자가 죽었다. 그리고 어김없이 또 한 해가 이렇게 저물어가고 있다.

세모歲暮, 제석除夕 등 한 해의 끝을 이르는 말들은 저녁이라는 의미를 담고 있다. 저녁은 어떤 시간인가? 삽을 씻고 일터에서 집으로 돌아가는 시간이다. 새들도 아침에 떠나왔던 곳으로 돌아가고 골목에서 놀던 아이들도 집으로 돌아가는 시간이다. 하루에 저녁이 있고 한 해에도 저녁이 있듯이 언젠가는 우리 인생의 저녁도 올 것이다. 그 저녁들은 언제나 램프를 들고 찾아온다. 저녁은 사람들과 작별 인사를 나누고 돌아와 램프를 켜고 생각에 잠겨야 하는 시간이다. 싸움의 시간이 아니라 화해의 시간이다. 욕망의 시간이 아니라 기도의 시간이다.

어떤 시인은 저녁이면 신이 아주 가까이 와 있는 기분이 된다고 했다. 졸리고 쓸쓸한 기분이 된다고 했다. 헤르만 헤세의 「쓸쓸한 저녁」이다.

'빈 병과 잔 속에/ 촛불이 희미하게 흔들린다/ 차가운 방, 밖에는 풀 위에 비가 내린다/ 떨면서 슬픈 마음으로 다시 눕는다/ 아침이 오고 저녁이 오고/ 언제까지나 되풀이되지만/ 그러나 너는 오지 않는다'

쓸쓸한 한 해의 저녁 풍경이다.

전 세계적으로 제야除夜에 불리어지는 〈올드 랭 사인Auld Lang Syne〉은 스코틀랜드 민요이다. 스코틀랜드의 대표적 시인 로버트 번스의 시에 곡을 붙인 이 노래는 '오래 전부터Old Long Since' 라는 의미의 스코틀랜드 방언인데 로버트 테일러와 비비안 리가 주연했던 영화 〈애수哀愁, Waterloo Bridge〉에 삽입된 곡으로도 유명하다. 우리에게는 한때 나라도 없고 애국가도 없던 시절, '동해물과 백두산이 마르고 닳도록' 의 가사를 이 노래의 곡에다 실어 불렀던 기억으로도 남아 있는 씁쓸한 사연을 지닌 노래이기도 하다. '오랫동안 사귀었던 정든 내 친구여 작별이란 웬말인가 가야만 하는가' 로 시작되는 이 노래의 가장 중요한 대목은 여기이다.

'친구여, 여기 내 손이 있네. 그대의 손을 주게And there is a hand, my trusty friend. And give us a hand of yours'

서로 손을 잡고 이 노래를 부르며 스코틀랜드 사람들은 한 해의 마지막 밤을 보냈다. 저녁은 쓸쓸하지만, 아니 쓸쓸하므로 서로 손을 잡아야만 하는 시간이다.

잊어야 할 것은 잊지 못하고 기억해야 할 것은 잊어버리는 것이 불완전하고 때로는 재앙이 되기도 하는 우리 기억력의 비극이다. 이 저녁, 잊을 것은 잊고 기억해야 할 것은 꼭 기억해야 한다. 이 쓸쓸한 저녁, 아팠던 기억들은 깡그리 잊어버리고 그 상처로부터 얻은 각성覺醒만은 꼭 기억해야 한다.

잊자. 미움과 거짓과 탐욕을 잊자. 아픔과 고독과 절망을 잊자. 미국의 여류시인 사라 티즈데일은 속삭인다.

꽃을 잊듯이 잊읍시다
한때 세차게 타오르던 불꽃을 잊듯이
영원히 영원히 아주 잊어버립시다
세월은 고맙게도 우리를 늙게 하나니

누가 만일 물으면 이렇게 말합시다
그건 벌써 오래 전에 잊었노라고
꽃처럼 불처럼
눈 속에서 사라진 발자국처럼 잊었노라고

남아 있던 한 줌의 시간의 모래도 이제 곧 우리 손가락 사이로 빠져나가고 제야의 종소리가 쓸쓸한 저녁을 울릴 것이다. 어떤 이는 한 해의 마지막을 플랫폼을 떠나는 기차에 비유했다. 그렇다. 2013년이라는 마지막 기차가 제야除夜의 플랫폼을 떠나고 있다. 기적 소리도 없고 흔들어주는 눈물의 손수건도 없고 다시 돌아오마는 기약도 없이.

해야, 솟아라

지난해의 마지막 날과 새해의 첫날, 동해의 북쪽 바다에 있었다. 새해 해돋이를 보러 동해로 가는 사람들의 차들이 뒤엉켜 있을 고속도로를 피해 홍천, 인제를 거쳐 미시령을 넘었기에 망정이지 원주에서 영동고속도로를 탔더라면 멈춰 서 있는 시간이 달리는 시간보다 더 길이 속을 끓이는 낭패를 보았을 것이다.

세계에서 해가 가장 먼저 떠오르는 곳은 남태평양의 섬나라 키리바시라고 한다. 날짜변경선이 그 섬나라 한가운데를 지나가고 있기 때문이다. 우리나라에서 가장 먼저 아침 해를 볼 수 있는 곳은 물론 독도겠지만 육지에서는 울산 간절곶이다. 그러나 해맞이를 하는 사람들로 가장 붐비는 곳은 아마도 정동진일 것이다. 해가 떠오르기 직전에 그 바닷가 역에 도착하는 기차가 있기 때문이다. 사람들은 철길 앞 넓지 않은 모래밭에 빼곡히 웅크리고 서서 가족들의 손을 잡거나 연인의 어깨에 기대어 차가운 어둠 속에서 기다린다. 드디어 수평선을 붉게 물들이며 해는 떠오른다. 사람들의 입에서 거의 동시에 탄성이 터져 나오고 어떤 이들은 해를 향해 재빨리 소원을 빌고 또 어떤 이들은 서로를 껴안으며 감격해 한다. 어느 곳에서나 해돋이의 모습은 대충 그러하리라.

사람들이 새해 아침에 떠오르는 해를 보기 위해 울산으로 정동진으로 경포대로 몰려가는 것은 아마도 온 바다를 붉게 물들이며 떠오르는 장엄한 해의 모습을 보기 위해서일 것이다. 그러나 내 경험으로 미루어 보아 수평선 바로 위에서 해가 떠오르는 날은 일 년에 서른 날도 채 안 될 것이고, 특히 겨울바다에서 그 모습을 기대하기는 어려운 일이다. 구름과 해무海霧가 온통 수평선을 덮고 있는 날이 거의 전부여서 해는 두꺼운 구름 위로 올라와서야 바닷물을 조금 물들일 뿐이다. 모네의 그림 〈인상印象, 해돋이〉에서도 그러하지 않던가? '겨울바다를 헤매던 날들이 그 얼마던가?' 라고 말할 수 있는 나도 십수 년 전 딱 한 번 그 광경을 보았을 뿐이다.

그때 나는 남애항(주문진과 양양 사이에 있는 작은 포구다) 부근의 비어 있던 작은 집을 빌려 묵고 있었다. 초저녁부터 바다 위로 펑펑 쏟아지던 눈이 멎고 캄캄한 밤하늘에 거짓말처럼 별들이 반짝였다. 발목까지 덮이는 눈을 헤치고 겨울이면 문을 닫는 집 앞 작은 카페(아마 '바다 그리기' 라는 이름이었을 것이다)로 향했다. 바다 쪽으로 나 있는 데크의 나무 의자 위에 쌓인 눈을 쓸어내고 앉았다. 눈이 와서 출어出漁를 하지 않아 오징어배의 집어등集魚燈 불빛조차 하나 없는 바다는 칠흑처럼 어두웠다. 새벽이 오고 있었다. 먼 수평선 쪽의 하늘부터 어둠이 시나브로 사라지고 별빛도 희미해져 갔다. 구름 한 점, 해무海霧 한 오라기 없는 수평선 위에서 그때, 갑자기 해가 얼굴을 내밀었다. 눈에 보이는 온 바다가 붉어지면서 얼굴 전체가 뜨거워지는 듯해 눈을 똑바로 뜰 수 없었다. 그렇게 큰 해, 그렇게 압도시키고 매혹시키는 광경을 나는 그 전에도 그 후에도 본 적이 없었다. 지금도 생각하면 숨이 막히는 장엄한 해돋이의 모습이었다.

아침은 새로운 희망과 동의어이다. 절망과 어둠 속에서도 아침은 언제나 새로운 시작이어야 한다.

> 해야 솟아라. 해야 솟아라. 산 너머 산 너머서 어둠을 살라먹고, 말갛게 씻은 얼굴 고운 해야 솟아라. 산 너머서 밤새도록 어둠을 살라먹고, 이글이글 앳된 얼굴 고운 해야 솟아라.(朴斗鎭, 「해야 솟아라」)

해는 가장 낮은 곳, 가장 구석진 자리까지 비추어 어둠을 걷어내고 절망을 걷어낸다. '아침에 책보만한 해가 떠서 오후에 손수건만 해져서 나가 버리는' 이상李箱의 『날개』에 나오는 어둡고 고독한 방에도 해는 뜬다. 아버지는 노름꾼에다 주정뱅이고 어머니는 재봉사로 올망졸망한 형제들을 근근이 먹여 살려야 하는 뉴올리언스의 초라한 집도 '해 뜨는 집(60년대의 애니멀스의 노래, The House of The Rising Sun)' 이라고 부르지 않던가?

올해는 60년 만에 돌아오는 흑룡의 해라고 한다. 나라도 국민도 우리 모두 떠오르는 해와 함께 용처럼 솟아오르는 한 해가 되었으면 좋겠다.

바닷가에 퍼프Puff라는 이름의 용이 살고 있었다. 그 마법의 용은 제키 페이퍼라는 꼬마 소년을 사랑해서 둘은 늘 함께 바닷가의 가을 안개 속을 뛰놀았다. 꼬마가 퍼프의 꼬리 위에 앉아 큰 바다로 나가면 왕과 왕자들도 머리를 숙이고 해적선들은 해골이 그려진 깃발을 내렸다. 그러나 용은 영원히 살지만 소년은 그렇지 않았다. 소년이 떠나버리자 '그의 머리는 슬픔으로 떨어트려지고 슬픈 비늘들이 비처럼 떨어져 내렸지. 그리고 그 마법의 용은 다시는 포효하지 않았지His head was bent in sorrow. Grief scales fell like rain. And that mighty dragon ceased his fearless roar.'

우리는 어느 누구든, 누군가에게는 소중한 존재이다. 그것이 피터 폴 앤 메리의 노래 〈Puff, The Magic Dragon〉을 들으며 용의 해의 아침, 새로운 해를 맞아야 하는 이유이다.

추운 날

1981년 1월 5일, 양평, -32.6도℃.

1933년 1월 12일, 중강진, -43.6도℃.

기상 관측이 시작된 이래 남한과 북한에서 가장 낮은 수은주가 기록된 수치이다. 이 수치들이 말해 주듯이 일 년 중 가장 추운 달은 1월이다. 우리가 활동하기에 가장 이상적인 온도가 16도에서 20도 사이라면 그 두 도시에서 기록된 영하의 온도는 가히 살인적이라 할 것이다. 러시아의 극동 지역이 무려 -45℃라는 25년만의 강추위로 얼어붙고 있다는 소식도 들린다. 1709년의 유럽의 겨울은 최악이었다고 한다. 파리의 베르사유 궁 깊숙한 곳의 찬장에서 화장수 병과 높은 도수의 리큐르(술) 병들이 얼어 터질 정도였으니 가난한 서민들이 견뎌야 했을 추위는 상상하기조차 힘들다. 그 해 프랑스에서만 60만 명이 얼어 죽거나 굶어 죽는 참상 속에서도 루이 14세는 유럽의 패권을 노린 전쟁에만 골몰했다고 한다. 자연과 인간 모두가 그들에게는 재앙이었던 것이다.

지구의 거의 모든 지역이 얼음으로 뒤덮인 24억 년 전의 첫 번째 빙하기를 시작으로 네 번의 큰 빙하기를 겪으며 인류는 진화하며 살아남았다. 인간의 역사는 추위와 싸워온 역사라고 해도 틀린 말은 아닐 것이다. 인류 역사상 가장 큰 사건이라 할 불의 발견도 그와 무관하지 않다. 추위는 인간의 행동 양태도 결정한다. 북반구 사람들은 불리한 기후 조건 속에서 추위와 싸워오는 과정에서 문명을 발달시켰지만 따뜻한 남반구 사람들은 풍부한 자원을 가지고도 후진국의 굴레에서 벗어나지 못했다. 추위는 커다란 역사적 사건들의 원인이 되기도 했다.

겨울이면 우리가 자주 듣게 되는 '동장군冬將軍이 기승을 부린다.' 는 말에서의 동장군은 1812년의 나폴레옹의 러시아 원정에서 생겨난 말이다. 45만 명의 대군을 이끌고 나폴레옹은 모스크바에 입성하지만 모든 것을 불태워 버리고 퇴각을 거듭하는 러시아 군의 초토화 작전으로 보급선마저 끊어진 상태에서 혹한의 겨울을 맞게 된다. 동상과 굶주림 속에서 살아남아 돌아온 병사들은 4만 명도 되지 않았다. 그 실패한 전쟁에 대한 책임으로 혁명의 전사 나폴레옹은 세인트헬레나 섬에서 쓸쓸한 최후를 맞게 된다. 그 한 시대의 풍운아를 패퇴시킨 것은 바로 'General Frost' 였던 것이다. 장군이라는 뜻의 general과 '서리, 결빙結氷' 이라는 의미의 frost가 합해져서 동장군이라는 말이 그렇게 생겨났다.

겨울과 겨울의 추위는 언제나 가난한 이들과 외로운 이들에게 더 큰 공포와 불안으로 다가온다. 은유의 귀재 오 헨리의 단편소설 「경관과 찬송가The Cop and the Anthem」는 '밤하늘에 기러기가 울며 지나가고 물개 가죽 외투가 없는 여자들이 남편에게 유난히 상냥해지게 되는' 계절이 오면 공원 벤치에서 생활하는 부랑자 소피에게 '잭 프로스트(Jack Frost도 여기에서 추위를 의미한다.)' 가 초대장을 내민다는 말로 시작된다. 그 부랑자에게 허용된 희망은 단 하나, 곧 닥치게 될 추위를 피해 따뜻한 남쪽 섬에 있는 교도소로 들어가 겨울을 나는 것뿐이었다.

차가운 겨울바람에 펄럭이는 오렌지 빛 포장, 붉은 카바이트 불빛, 참새구이와 따끈하게 데운 정종 대포, 덜 여민 포장 사이로 희끗희끗 날아드는 눈발. 겨울밤의 옹골진 낭만이라 할 포장마차는 김승옥의 소설 『서울, 1964년 겨울』 속에서 만난 생면부지의 세 사람에게는 불안과 소외와 외로움의 공간이었다. 그 회색의 도시에서의 추운 겨울밤은 회의적이고 냉소적인 청춘들을 따뜻하게 보듬어 주지 못한다.

벽난로의 일렁이는 불빛 속에서 잠들어 있는 여자. 매서운 바람이 몰아치는 창밖의 설원에서 들려오는 늑대의 울음소리. 홀로 깨어나 시린 손을 푸른 입김으로 불어가며 시를 쓰고 있는 시인. 영화 〈닥터 지바고〉의 추운 겨울밤의 그 한 장면을 보며 막연하게 시인을 꿈꾸던 소년시절이 있었다. 김수영의 시 「젊은 시인이여, 기침을 하자」가 말하고 있는 것처럼 그것이 좌절과 고통과 외로움의 다른 이름인 줄도 모르고.

그렇게 추운 날은 난생 처음이었다. 첫 휴가를 마치고 귀대하던 날의 마장동 시외버스 터미널이었다. 영하 25도라고 라디오의 아나운서가 호들갑을 떨고 있었지만 바람이 매섭게 불어 체감온도는 영하 35도가 넘었을 것이다. 귀는 떨어져나갈 것처럼 아렸고 발갛게 단 쇠가 얼굴에 척척 달라붙는 것처럼 쓰라렸다. 가만히 있어도 저절로 아래윗니들이 마주치며 으으으으 소리가 나도 모르게 입 밖으로 새어나왔다. 갑자기 몰아닥친 한파에 시동이 걸리지 않는 버스들의 툴툴거리는 소리와 종종걸음으로 오가는 사람들 사이로 부근 식당들의 입간판들이 우당탕탕 바람에 날려 굴러다니고 있었다. 무정한 버스 출발 시각은 다가오고 있었지만 그녀는 나타나지 않았다. 버스에 타고 출입문이 단힐 때쯤에야 헐레벌떡 달려온 그녀가 창문으로 작은 마호병(보온병을 그 속에 담긴 물이 식지 않는 '마법의 병'이라고 그때는 일본말로 그렇게 불렀었다)을 건네주었다. 함께 마시려고 끓여온 그 커피를 그렇게 혼자 홀짝이며 마셨지만 눈

덮인 강원도의 얼어붙은 산골로 떠나는 버스 안이 금세 따뜻해졌다.

『플루타르크 영웅전』은 어떤 도시가 얼마나 추웠던지 겨울에 말을 하면 목소리가 바로 얼어버려 이듬해 봄이 되어 녹고 나서야 그 소리를 듣게 된다고 아테네의 극작가 안티파네스의 입을 빌려 말하고 있다.

모든 가난하고 외로운 이들에게, 시인들에게, 그리고 그 추웠던 날의 젊은 나에게도 말해 주고 싶다. 그해 겨울은 따뜻했노라고. 비록 봄이 와야 그 소리를 들을 수 있게 될지라도.

다섯 번째 죄罪

도시에는 끝없이 비가 내리고 회색의 빌딩 사이로 불안한 앰뷸런스 소리가 끊이지 않는다. 무겁게 드리워진 커튼 뒤에서, 음산한 뒷골목 어딘가에서 불신과 이기심에 휩싸인 인간들의 분노와 공포의 비명들이 쉼 없이 들려오는 듯하다. 현대의 물질문명이 자아내는 음울한 안개가 드리운 도시에서 벌어지는 연쇄 살인을 뒤쫓던 젊고 감정적인 형사(브래드 피트)와 퇴직을 앞둔 이성적인 늙은 형사(모건 프리먼)는 그 공포스럽고 괴기스럽기까지 한 연쇄 살인이 단테의 『신곡神曲』과 초서의 『캔터베리 이야기』를 텍스트로 한 일정한 규칙에 의해 수행되고 있음을 발견한다. 데이빗 핀처 감독의 영화 〈세븐Seven〉은 신의 대리자라는 광신적 착란에 사로잡힌 살인범이 일곱 가지 죄악에 빠진 인간들을 잔인하게 처형하는 과정을 통해 현대사회의 어두운 단면을 참혹하게 보여주고 있다.

음행淫行을 한 여자를 돌로 치려는 사람들에게 예수는 말했다. "너희들 중 누구든 죄 없는 자가 저 여인에게 돌을 던져라." 그게 법률적인 죄crime이든 윤리적인 죄sin이든, 우리 인간은 태어나는 순간부터 죄의 유혹에 빠지거나 그 유혹을 물리치면서 살아가지만 죄로부터 완전히 자유로운 인간은 아무도 없었다. 중세의 로마 가톨릭 성직자들은 우리가 저질렀거나 저지르고 싶었던 수많은 죄들 가운데 인간을 죽음에 이르게 하는 치명적 죄악들을 규정해 놓았다. 이른바 '일곱 가지 대죄大罪 Seven Deadly Sins' 이다.

그 첫 번째 죄는 '교만' 이다. 교만은 재산이나 명예가 가져다 줄 수 있는 가장 큰 어리석음이다. 그것이 지식일 때는 더 치명적일 수 있다. 교만이 우리에게 들어오면 지혜는 미망迷忘 속으로 사라진다. 선인先人들은 하나같이 교만으로부터 자신을 지켜낼 것을 경계하고 있다. 머리를 너무 높이 쳐들지 말라. 세상의 모든 문들은 낮다.

인류 역사의 최초의 살인은 두 번째 죄악인 질투에서 비롯되었다. 자신보다 동생 아벨을 더 사랑하는 신에 의해 유발된 질투심으로 카인은 동생을 죽여 최초의 살인자가 되었다. 카시오의 손에 들려진 데스데모나의 손수건을 보고 충성스런 신하와 사랑하는 왕비를 죽이는 오델로를 통해 질투에 빠진 사람의 눈에는 아무리 하찮은 것도 어떠한 법전法典보다 강력한 증거가 된다는 것을 셰익스피어는 보여주고 있다. 질투는 내 안에 있는 게 아닌, 내 밖에 있는 것에 대한 탐욕이다. 기형도는 그의 시 「질투는 나의 힘」에서 말했다. '나의 생은 미친 듯이 사랑을 찾아 헤매었으나 단 한 번도 스스로를 사랑하지 않았노라'

'탐욕' 은 세 번째의 대죄이다. 탐욕이야말로 바닥이 없는 함정이고 탐욕이 있는 한 인간은 자유로울 수 없다고 '자유로부터의 도피' 에서 에리히 프롬은 말해 주고 있다. 아흔아홉 마리의 양을 가진 자가 한 마리 가진 자의 것마저 빼앗으려 한다. 오늘날의 글로벌 경제 위기도 가진 이들의 만족할 줄 모르는 탐욕에서 비롯되었다.

네 번째 죄는 '분노' 이다. 분노와 어리석음은 나란히 걷고 언제나 후회가 그 뒤를 바싹 따른다. '분노의 뒤에는 언제나 치욕이 따른다Anger goes before, shame follows after' 라는 속담도 있다. 정의로운 분노가 세상을 앞으로 나아가게도 하지만.

'음욕淫慾' 이 여섯 번째 자리를 차지하고 있다. 석가모니 부처의 말처럼 욕정은 '바람을 거스르는 횃불과 같' 아서 반드시 손에 화상을 입히는 재앙이다. 셰익스피어는 사랑의 감정은 비 온 뒤의 태양과 같지만 정욕은 그 태양 뒤에 숨어 있는 폭풍이라고 했다. 그것은 음주 운전 같은 것인지도 모른다. 어디로 가는지도 모르면서 주변의 모든 것을 파괴해 버린다. 어디선가 읽었다. 달콤한 사랑의 말로 유혹하는 시간과 옷을 벗고 입는 시간을 빼면 인간의 성행위는 11분에 지나지 않는다. 우리는 고작 그 11분의 언저리를 벗어나지 못하고 조바심하며 서성이고 있는 것이다.

일곱 번째.죄는 '나태' 이다. 게으른 사람의 머릿속은 악마의 일터이다. 요즘 우리 사회를 경악하게 하고 있는 흉악 범죄들을 보자. 계획된 의도에 의한 범죄들도 있지만 '할일 없이 배회하다가' 저질러진 것들이 대부분이다. 아침에 일어나서 할 일이 없다면 그곳이 바로 지옥이다. 어떤 나태한 사람이 천사에게 하소연했다. 할 일이 없어 미치겠으니 차라리 지옥으로 데려가 달라고. 천사가 웃으며 말했다. "니가 서 있는 그곳이 어딘 것 같으냐?"

그 영화 '세븐' 의 첫 번째 살인 현장에는 스파게티 접시에 머리를 박은 채로 죽어 있는 뚱뚱한 남자의 시체와 함께 'GLUTTONY' 라는 글자가 남겨져 있다. 다섯 번째 죄, '탐식 gluttony' 의 희생자라는 걸 보여준다. 흔히 탐식貪食은 미식美食이라는 가면 뒤에 교묘히 숨어 있다. to 부정사를 배우던 중학교 영어 시간에 '인간은 먹기 위해 사는 게 아니라 살기 위해 먹는다Man does not live to eat, but eats to live' 를 칠판에 써놓고 영어 선생님은 말했다. 우리처럼 가난한 나라에서는 죽지 못해 먹지만 부유한 선진국 사람들은 먹기 위해 산다고.

'네가 무엇을 먹는지를 말해다오. 그러면 네가 어떤 사람인지를 알려주마' 라는 말이 있다. 미식을 삶의 의미 같은 것으로 생각하는 사람들의 말이다. 부끄럽지만 나도 그런 부류에 속하지 않는다고는 말하지 못하겠다. 가장 뿌리칠 수 없는 유혹은 침대에 있는 게 아니라 식탁에 있다고 믿기도 하기 때문이다. 그러나 지금은 반성의 시간이다. 세계의 절대적 기아 인구가 10억을 넘어섰건만 배부른 인간들은 미식을 찾아 헤맨다. 생텍쥐페리의 『인간의 대지大地』에 나오는 사막의 여우 페네크는 달팽이를 먹고 살지만 겨우 굶주리지 않을 만큼만 먹는다. 달팽이가 사라지면 자신도 존재할 수 없으므로.

세상이 추악한 죄악들로 둘러싸였음에도 불구하고 그 영화의 마지막 장면에서 모건 프리먼은 말한다. 세상은 여전히 아름답고 싸워볼 만한 가치가 있는 곳이라고.

그리운 명태明太

'동해안 살아 있는 명태를 찾습니다. 최고 10배까지 보상해 드립니다.'

이태 전쯤이던가? 동해 북쪽 바다 작은 포구의 어촌계 바람벽에 붙어 있던 지명 수배 전단이었다. 한가운데 푸른 바닷속을 헤엄치는 명태의 인상착의(?)까지 떡하니 박혀져 있었다. 그렇게 해서라도 성어成魚를 구해 인공 수정이라도 해 보려던 동해수산연구소의 노력은 수포로 돌아갔다고 한다. 겨우내 주문진, 속초, 고성에서 잡힌 명태는 대여섯 마리에 불과했고 그것들마저 옮기는 도중에 시들시들 죽어 버렸기 때문이다.

우리나라 동해 북쪽 바다에서 무진장으로 잡히던 명태는 10여 년 전부터 그렇게 종적을 감추어 버렸다. 어떤 이들은 3~5도 사이의 온도를 좋아하는 한류성 어종인 그들이 지구 온난화로 인한 해류의 변화 때문에 우리 바다를 찾지 않는다고도 하고, 어군탐지기 등 어로漁撈 기술의 발달로 명태의 새끼인 노가리들(비교적 최근까지 어부들조차 노가리를 명태와 다른 어종으로 생각했다고 한다)까지 저인망으로 싹쓸이를 했기 때문이라고도 한다.

조선말末의 문신 이유원의 『임하필기林下筆記』에 따르면 조선 중기의 한 함경도 관찰사가 뱃사람이 잡아온 그 고기를 맛보고 감탄하며 이름을 물은즉 이름도 없는 고기라 하여 그곳의 지명인 명천明川과 그 뱃사람의 성씨인 '태太 씨'를 합쳐서 명태라고 불렀다고 한다. 그 이래로 300여 년 동안 명태는 우리에게 가장 흔하면서도 귀한 고기로 대접받아 왔다. 우리에게 명태는 버릴 것 하나 없는 소중한 생선이었다. 부드러운 속살은 국이나 찌개로 먹었고 그 창자로는 창란젓을 담그고 알은 명란, 아가미는 서거리젓으로 담았고, 알과 고니는 일품의 탕거리로 쳤다. 이렇듯 우리처럼 명태의 그 오붓한 맛들을 살뜰하게 속속들이 챙겨 즐기는 민족은 세계 어디에도 없다. 생선에 있어서는 귀신이라는 일본 사람들조차 명태의 살을 천대하여 어묵으로나 만들고 명란을 즐길 뿐이다. 그들이 그 고기를 부르는 '멘타이明太'라는 이름도 우리말에서 차용한 것이다.

명태는 그 먹는 방법과 잡히는 곳이나 철에 따라 여러 가지 이름들을 가지고 있다. 근해近海에서 갓 잡은 것은 생태(낚시로 잡은 것은 낚싯태라고도 부르며 제일로 친다), 원양遠洋에서 잡아다 얼린 것은 동태, 바닷가 덕장에서 바닷바람에 말린 놈은 북어, 대관령이나 미시령 너머 눈밭의 덕장에서 얼다 녹다를 반복하며 익은 것은 황태, 약간 꾸덕꾸덕하게 말린 놈은 코다리라고 부른다. 북어란 놈은 제사상에 오르거나 고사 상에 떡시루와 함께 실타래에 감긴 채로 누워 인간들의 절을 받기도 한다. 북어를 쭉쭉 찢어 양념간장에 찍어먹는 것도 술안주로서 크게 나무랄 데 없고, 고추장 양념을 한 황태찜도 별미이기는 하지만 생태탕만한 게 또 있으랴. 어물전에 나가면 꽝꽝 얼린 동태들은 흔히 볼 수 있지만 생태를 (가끔 일본이나 러시아산이 나오기는 하지만) 찾아볼 수 없게 된 것이 못내 애달픈 것은 순전히 사십 년 저쪽의 내 젊은 날의 기억 때문이다.

겨울이었고 희끗희끗 눈발이 날리는 주문진 부두의 저녁이었다. 명태잡이 배들이 갈매기들과 함께 돌아오고 있었다. 막 돌아와 고기들과 어구漁具들을 내리고 있는 뱃사람들에게 그 시절 서른이던 그곳 토박이 K시인이 유창한 북쪽 사투리로 수작을 붙였다. "아바이, 괴기 좀 잡았쑤?" "괴기는 무신 괴기."라고 투박하게 응대하면서도 그들은 선뜻 갓 잡은 낚시태 한 쾌(20마리)를 던져 주었다. 근처 술집으로 들어가 주모에게 열 마리를 건네고 나머지 열 마리로 탕을 끓여 내라고 부탁했다. 보드라운 속살에서 풍기는 향기와 알과 고니까지 우러난 국물의 시원함! 무와 대파만 넣어 그 집 주모가 끓여낸 생태탕의 맛은 지상地上의 언어만으로는 도무지 표현하기가 글러 버린 것이었고, 오랜 세월이 흘렀지만 명태와 함께 한 그 저녁은 생생하고 행복한 기억으로 남았다.

배고프고 헐벗고 각박했던 전쟁통에 양명문의 시에다 변훈이 곡을 쓰고 우리 가곡사歌曲史의 걸출한 바리톤 오현명이 부른 〈명태〉에는 가난하고 신산했던 그 시절의 애환과 명태에 대한 애정과 추억이 고스란히 담겨져 있다.

'검푸른 바다, 바다 밑에서/ 줄지어 떼 지어 찬물을 호흡하고/ 길이나 대구리가 클 대로 컸을 때/ 내 사랑하는 짝들과 노상 꼬리치고 춤추며 밀려다니다가/ 어떤 어진 어부의 그물에 걸리어/ 살기 좋다는 원산 구경이나 한 후/ 에지푸트(이집트)의 왕처럼 미이라가 됐을 때/ 어떤 외롭고 가난한 시인이/ 밤늦게 시를 쓰다가 쐬주를 마실 때/ 그의 안주가 되어도 좋다/ 그의 시가 되어도 좋다/ 짜악 짝 찢어지어 내 몸은 없어질지라도/ 내 이름만은 남아 있으리라/ 명태, 명태라고/ 이 세상에 남아 있으리라'

내가 운이 좋게도 도저到底한 바리톤의 목소리를 가졌더라면 내 술친구들은 혹 명태가 안주로 나온 거나한 술자리에서 그 노래를 백 번은 족히 들었으리라. '쐬주를 마실 때' 다음의 '카아' 하는 행복한 진저리와 함께.

저 푸른 바다가 아무리 멀고 깊더라도, 검은 파도가 아무리 거칠고 험하더라도 부디 돌아오라. 푸른 지느러미 힘차게 흔들며, 그리운 명태여, 돌아오라.

쏘울 푸드

본시 영혼이라는 의미의 쏘울soul은 재즈와 블루스의 고향 뉴올리언스에서 1960년대에 태동한 흑인 음악을 그렇게 부르기 시작하면서 흑인 혼魂, 혹은 흑인들의 핏속에 흐르는 음악적 감성을 의미하는 말이었다. 요즘 우리나라에서 '영혼을 따뜻하게 감싸주는 음식' 이라는 뜻으로 흔히 쓰이는 '쏘울 푸드soul food' 라는 말도 사실은 백인 농장주들이 먹지 않고 버리는 식재료를 사용해 흑인 노예들이 만들어 먹은 거친 음식들을 의미한다. 백인들은 닭고기를 구워서 먹었지만 흑인들은 그들이 먹지 않는 날개와 목, 닭발 같은 것을 기름에 튀겨 뼈째로 먹었다. 오늘날 퇴근하는 대한민국 가장들의 손에 들려져 있을 때 아이들이 행복에 겨워 탄성을 지르게 하기도 하고 맥주를 마시거나 축구를 볼 때 시키게 되는 프라이드치킨이 바로 흑인들의 쏘울 푸드였던 것이다.

인간이 살아가는 어느 시대, 어느 세상에나 '차별 받은 식탁'은 존재해 왔다. 그러나 아무리 가난하고 궁핍한 사람들에게도 거칠고 조악할지라도 '한 끼 때우는' 이상의 음식도 필요한 법이다. 양반들이 눈살을 찌푸리는 피를 끓여서 굳혀 그들이 먹지 않고 버리는 창자의 속을 채운 순대나 내장탕, 해방 후 이 땅에 주둔한 미군들이 먹다 남은 소시지나 햄 등속들을 넣어 끓인 부대찌개(미군 부대에서 흘러나온 것이라 그런 이름이 붙었다)는 우리들의 쏘울 푸드라 할 것이다.

고흐의 그림 〈감자 먹는 사람들〉을 보자. 희미한 램프 불빛 아래 초라한 행색의 사람들이 둘러앉아 감자를 먹고 있다. 19세기까지만 하더라도 유럽의 귀족들과 부자들은 감자를 먹지 않았다. 감자는 가난한 서민들이 질긴 목숨을 이어가게 하던 쏘울 푸드였던 것이다. 미국에 살고 있는 대다수의 아일랜드계係 사람들은 1840년대 그 나라에 감자 흑사병이 창궐해 대기근이 왔을 때 호사하고도 멋진 말인 '아메리칸 드림'을 찾아서가 아니라 목숨을 연명하기 위해 미국으로 건너온 사람들의 후예들이다. 오늘날 전 세계인들이 즐겨 먹는 프렌치프라이(감자튀김)도 프랑스에 그 연원을 둔듯하지만 사실은 미국 남부 흑인 노예들의 쏘울 푸드였다.

앞에서 언급했듯 우리나라에서 쏘울 푸드가 삶의 허기를 채워주거나 따뜻하게 영혼을 감싸주는 음식이라는 의미로 쓰이기 시작한 것은 아마도 십수 년 전 번역돼 베스트셀러가 되었던 잭 캔필드의 『내 영혼의 닭고기 수프Chicken Soup of the Soul』의 영향을 받은 게 아닌가 짐작한다. 평범한 이웃들의 따뜻한 이야기를 담은 책이었다. 무라카미 하루키는 혼자 스파게티(이 못 말리는 일본 작가는 향이 좋은 에스프레소 한 잔을 마시기 위해 한 시간여를 밤길을 달려가기도 할 정도로 언제나 좀 사치스럽다. 대충 라면이나 끓여 먹을 것이지)를 요리해 먹으며 말한다. 이탈리아 사람들은 그들이 수출한 것이 '고독' 이라는 걸 모를 거라고. 이렇듯 음식이란 단순히 영양을 공급해 생물학적 활동을 지속시켜 주는 물질 이상의 의미를 지닌다. 어떤 이에게 어떤 음식은 따뜻할 수도 있고 가슴 아플 수도 있는 기억의 중심에 자리 잡고 있는 것이다. 어머니가 끓여 주시던 된장국이 그렇고, 아버지가 장터에서 사주신 짜장면이 그렇고, 고향을 떠올리게 하는 제철 음식이 그렇고, 헤어진 연인과 눈 내리는 거리의 포장마차에서 후후 불어가며 먹던 가락국수가 그렇다.

이십 년 전쯤 구리 료헤이라는 일본 사람이 쓴 『우동 한 그릇』이라는 동화가 바다 건너 우리나라 사람들까지 울렸다. 한 해가 가는 마지막 날 삿뽀로의 한 우동집이 장사를 끝내고 문을 닫을 즈음에 남루한 행색을 한 어머니가 어린 두 아들을 데리고 들어와 미안하고 겸연쩍은 목소리로 우동 한 그릇만 시켜도 되느냐고 묻는다. 마음이 따뜻한 주인 부부는 일인분으로는 양이 많은 우동을 뜨거운 국물에 말아 준다. 이듬해 12월 31일 그 시간에도 그들이 찾아와 우동 한 그릇을 시키고, 그냥 세 그릇을 주자는 착한 아내의 말에 그러면 그들이 미안해서 다시 안 올 거라며 한 그릇을 넉넉하게 말아 내주고는 따뜻한 시선으로 그들을 지켜본다. 그 흐뭇한 광경은 몇 년 동안 지속되다 어느 해부턴가 그들이 찾아오지 않고 십여 년이 흐르지만 주인 부부는 매년 마지막 날에는 어김없이 그들이 늘 앉던 테이블에 '예약석' 이라는 푯말을 붙여 놓고 기다린다. 어느 해 마지막 날 의젓하게 차려 입은 세 모자母子가 드르륵 문을 열고 들어와서 말한다. "우동 세 그릇 주세요." 주인은 신바람 나게 주방으로 달려들어 가고 매년 마지막 날이면 아무리 손님이 많아도 비워 놓는 그 테이블의 비밀을 알고 있는 손님들은 박수를 치며 환호한다. 가난한 어머니가 비상금을 털어 아들에게 짜장면 한 그릇을 시켜 주고 자신은 짜장면이 싫다고 말하는 god의 노래 〈어머님께〉의 우리들의 어머니가 떠오르기도 하는 광경이다.

우리 '영혼의 음식' 은 무엇일까? 아이들이 어렸을 때 크리스마스 날이면 사냥하는 친구들에게서 구한 꿩으로 샤브샤브(일본말 '살짝살짝' 이라는 이 말의 순화어가 없는 게 유감이다) 요리를 해 주곤 했다. 건드리기만 해도 부서져 버리는 부드러운 가슴살은 슬쩍슬쩍 무쳐서 육회로 하는 게 소주 안주로 제격이지만 꾹 참고 모든 살을 얇게 포를 뜬다. 무를 뼈와 함께 푹 끓인 다음 얇은 살점을 뜨거운 국물에 살짝 넣었다가 나만의 비법으로 만든 소스에 찍어 먹는다. 작년 크리스마스 아침이던가? 일찍 집을 떠나 도시에서 혼자 살아온 딸에게서 전화가 왔다. 의례석인 성탄 인사 끝에 딸이 웅얼거리듯 낮게 말했다.

"아빠가 해 주던 꿩 샤브 먹고 싶다."

굿바이, 패티 페이지

지난 호의 '굿모닝, 2013' 에 이어 이번 호에는 '굿바이, 패티 페이지' 라고 제목을 적는다. 우리네 삶은 이렇게 만나고 헤어지는 인사들로 이루어져 있는지도 모른다. '트랄라라 트위들디디……' 경쾌한 도입부로 시작되는 그녀의 〈앵무새 우는 언덕Mockin' Bird Hill〉을 잡음 섞인 라디오에서 처음 들은 것은 중학생이던 어느 아침이었다. 그날 아침은 내가 그녀, 패티 페이지를 처음 만난 아침이기도 했고 팝송이라는 음악에 처음으로 매료된 순간이기도 했다. 그날 아침으로부터 많은 세월이 흐른 지금도 봄날 아침 창가에서 지저귀는 새소리에 잠을 깰 때면 '트위들디디(tweedle dee dee, 새소리의 의성어다)' , 그 노래가 귓전에 들려온다. '새들이 지저귀는 소리에 잠을 깨는 건 얼마나 황홀한 일인지It gives me a thrill/ to wake up in the morning to the mockin' bird's trill'

새해 첫날 그녀 패티 페이지가 세상을 떴다. 1927년 미국 남부의 오클라호마에서 가난한 철도 인부였던 아버지와 목화 농장 일꾼이었던 어머니에게서 태어난 그녀는 열여덟 살에 데뷔해 1950년에 발표한 〈테네시 왈츠Tennessee Waltz〉를 히트시키며 미국 스탠더드 팝(블루스나 재즈 등의 흑인 음악과 대비된 백인 음악을 말한다)의 여왕이라는 찬사를 받게 된다.

왈츠는 요한 슈트라우스 부자父子와 쇼팽 등에 의해 19세기에 성행하게 된 세 박자의 춤곡이다. 남녀가 상대방을 껴안고 추는 최초의 춤곡이어서 그 당시에는 불온하게 여겨지기도 했었지만 그 리듬에 몸을 맡기면 우리 몸이 해체되어 물결처럼 바람결처럼 흘러간다. 영화 〈전쟁과 평화〉의 〈나타샤 왈츠Natasha's Waltz〉는 오드리 햅번이 마음에 두고 있던 안드레이를 뜻하지 않게 만나 황홀한 표정으로 춤을 추던 장면에 흐르고 있지만 〈테네시 왈츠〉는 황홀한 시간은 반드시 흘러간다는 것을, 상실의 아픔은 언제까지나 남는다는 것을 노래한다.

'그날 밤 그 테네시 왈츠를 기억해/ 그리고 이제 나는 알고 있지 내가 얼마나 소중한 걸 잃어버렸는지I remember the night and the Tennessee Waltz/ Now I know just how much I have lost'.

그 노래로 그녀는 빌보드 차트 정상에 오르고 테네시 주州는 공식 주가州歌로 채택한다고 발표했고, 미8군 무대에서 노래하던 김혜자는 그녀를 흠모하여 자신의 이름을 '패티 김'으로 바꾸었다.

광활한 우주와 영겁의 시간 속에서 한 사람의 오고감이 무슨 대수리오만은 새가 떠난 가지가 흔들리듯 그녀가 떠나던 날 나의 지구도 조금 흔들렸다. 그녀의 노래들이 내가 살아온 날, 내가 걸어온 길들의 행간에 때로는 풀물로, 때로는 붉은 치잣물로 배어 있기 때문일 것이다.

겨울바다를 떠돌던 젊은 날, 그녀의 〈해변의 길손Stranger on the Shore〉이 추운 바다를 끄덕이며 걷던 내내 머릿속을 채우고 입술에 맴돌았다.

'여기, 나는 서서 멀어져가는 파도를 보며/ 혼자, 슬픔에 잠겨 그냥 당신을 생각할 뿐Here I stand, watching the tide go out/ So all alone and blue just dreaming dreams of you'

제대하던 해의 봄이던가, 한 여자가 말했다.

"나, 시집가."

그녀의 목소리는 단단하고 건조했고 청첩장을 받아든 내 심사도 그냥 담담하고 건조했을 뿐이었다. 딱히 애틋하게 좋아한다고 할 수도 없었고, 그냥 언제부턴가 마음 한켠에 얌전하게 놓여 있었다고 밖에는 말할 수 없었던 그녀였기 때문이었을 것이다. 그러나 그녀의 결혼식 날 전혀 얘기치 못한 동요가 그야

말로 밀물처럼 밀려왔다. 결혼식장에 들어갈 엄두도 못 내고 종일 패티 페이지의 〈당신 결혼식에 갔었어I Went to your Wedding〉를 이백 번쯤 부르며 눈물을 찔끔거렸었다.

'탄식하며 입속으로 가만히 안녕이라고 말했네/ 내 행복했던 날에 안녕을 고했네I uttered a sigh and then whispered goodbye/ Goodbye to my happiness.'

이 노래에 얽힌 에피소드는 우리 현대사와도 무관치 않다. 한국전에 참전한 미군 병사가 실종이 되었고, 그가 죽은 줄로 안 그의 애인이 다른 남자와 결혼하는 날 그가 돌아온 것이다. 참석한 모든 사람들의 눈물바다 속에 슬픈 그녀는 떠났다.

학교에서 영어를 가르치던 시절, 학력고사를 마친 고3들에게 그녀의 노래 〈Changing Partners〉를 가르쳐 주곤 했다. 어느새 중년이 되어 버린 그 친구들을 만나면 내 앞에서 그 노래를 흥얼거리곤 한다.

'우리가 함께 춤 춘 건 잠깐이었고 우리는 너무 빨리 헤어져야 했지만/ 그 놀라운 순간 내 마음속에서 무슨 일인가가 일어났었지In that wonderful moment something happened to my heart.'

그렇다. 아주 오래 전 어느 날 패티 페이지, 그녀의 노래가 내게 와서 내 마음속에 무언가를 흔들어 놓았다. 그리고 새해 첫날 그녀가 홀연히 지구를 떠났다. 어떤 사람의 죽음은 '한 감성의 시대의 종언終焉'을 의미하기도 한다. 적어도 나와 나의 동시대인들에게 패티 페이지의 죽음은 그러하다.

굿바이, 패티 페이지.

복수는 나의 것

욕하면서도 본다는 막장 드라마들에는 출생의 비밀과 현실적 확률을 무시한 황당한 우연들이 겹쳐 일어난다는 것 외에도 '복수' 라는 흡입력 강한 키워드가 있다.

몇 해 전 시청률 1위를 달리던 '아내의 유혹' 이라는 드라마에서는 남편과 친구에게 배신당해 죽었던 여인이 다시 돌아와 겨우 코 밑에 점 하나 찍어 놓고 다른 사람 행세를 하며 복수를 수행하고 요즘의 어떤 드라마에서는 아무리 쌍둥이 형제라지만 아무도 구별하지 못하는데다가 밑바닥 생활을 하던 쌍둥이 동생이 죽은 형을 대신해 변호사 행세까지 버젓이 해내고 초등학교 반장 선거보다 순진한 대통령 선거가 벌어지기도 한다.

이렇게 초보적 개연성까지 무시하는 엉성한 얼개에도 불구하고 이런 드라마들이 시청자들을 TV 앞으로 끌어 모으는 흡입력은 어디서 오는 것일까? 주인공의 복수를 통해 사필귀정事必歸正이라는 인간 세상의 오랜 합의가 명쾌하게 구현되는 걸 지켜보며 카타르시스를 느끼기 때문 아닐까? 우리가 정의라는 명제가 언제나, 반드시 이루어지지는 않는 사회에 살고 있다는 반증이기도 하겠지만.

'불구대천지수不俱戴天之讐' 라는 말이 있다. 함께 같은 하늘을 이고 살 수 없는 원수를 이르는 말이다. 모든 무협 소설의 주인공들은 아버지의 원수를 갚기 위해 칼을 들고, 수많은 역사책과 소설과 영화들에는 배신한 친구나 연인에 대한 복수심으로 불타는 주인공들이 등장한다.

2000여 년 전의 중국의 역사서 사마천의 『사기史記』에서 부차는 장작개비 위에 자며[臥薪] 아버지를 죽이고 나라를 빼앗은 월왕 구천을 향한 복수심을 일깨워 마침내 구천을 몰아내고, 이번에는 다시 구천이 쓸개를 핥으며[嘗膽] 복수의 칼을 갈아 부차를 죽인다. '와신상담臥薪嘗膽' 은 그렇게 해서 복수의 의지를 일컫는 말이 되었다.

어린 시절 우리가 읽었던 『암굴왕(巖窟王, 우리나라 최초의 번역본의 제목은 海王城이었다)』의 원제는 『몽테크리스토 백작Le Comte de Monte Cristo』이다. 『삼총사』로 유명한 프랑스의 문호 알렉상드르 뒤마가 1845년에 발표한 이 소설은 친구들과 연인과 권력에 의해 버림받은 한 남자의 복수의 일대기이다. 항해사 에드몽 당테스는 사랑하는 연인 메르세데스와의 행복한 약혼식장에서 친구들의 모함에 의해 나폴레옹파의 스파이라는 누명을 쓰고 외딴 섬의 감옥에 갇힌다. 춥고 어둡고 습기 찬 토굴의 감옥 속에서, 무엇보다 모든 것을 잃고 연인까지 빼앗긴 절망과 배신감 속에서 그를 14년 동안이나 버텨내게 했던 것은 오로지 복수심이었다. 폭풍우가 몰아치던 밤, 자신에게 세상의 지식들을 가르쳐 주고 막대한 보물이 묻혀 있는 곳까지 알려준 파리아 노인이 죽자 그의 시체를 가장해 탈옥에 성공한 당테스는 고향으로 돌아와 몽테크리스토 백작 행세를 하면서 하나하나 복수를 실현해 나간다.

영화사史에서 가장 처절하다 할 복수극의 시작도 결혼식 예행 연습이 있던 한 작은 마을의 예배당이었다. 쿠엔틴 타란티노 감독의 〈킬 빌Kill Bill〉은 우마 서먼의 피로 물든 웨딩드레스로 시작된다. '브라이드(新婦, bride)'라는 별명으로 불리며 비밀 청부 살인 집단의 정예 요원으로 악명 높던 그녀는 과거를 씻고 평범한 남자와 결혼해 평범하게 살아가려 하지만 보스였던 빌과 부하들이 찾아와 예배당을 끔찍한 살육의 현장으로 만들고 브라이드의 행복한 신부新婦의 꿈도 피로 얼룩진 웨딩드레스와 함께 무참히 짓밟혀 버린다. 4년 뒤 기적처럼 병원에서 깨어난 브라이드는 살육에 참여했던 킬러들을 찾아 잔인한 복수극을 벌인다. '도살장에서의 칵테일 파티'라는 혹평을 받기도 하지만 홍콩 액션 영화들과 사무라이 영화들, 그리고 마카로니 웨스턴 영화들까지를 교묘히 결합한 이 영화는 '과장된 폭력성의 미학'으로까지 불리며 일부 영화광들의 숭배의 대상이 되고 있다.

〈복수는 나의 것〉, 〈올드 보이〉, 〈친절한 금자 씨〉는 박찬욱 감독의 '복수 3부작'으로 불린다. 〈복수는 나의 것〉에서 좌절과 배신감에 빠진 인물들은 서로 죽고 죽이지만 승리한 사람은 아무도 없다. 아무런 이유도 모르고 15년 동안이나 갇힌 채로 작은 구멍으로 넣어 주는 군만두만 먹어야 했던 〈올드 보이〉의 오대수(최민식 扮)의 복수는 결국 암울한 패배였을 뿐이고, "왜 그렇게 눈만 시뻘겋게 칠하고 다녀?"라는 질문에 "친절해 보일까 봐."라고 무미건조하게 답하는 금자 씨(이영애 扮)의 복수도 행복이 약속되는 미래와는 거리가 멀다. 박찬욱은 그 세 편의 영화에서 카타르시스 없는 복수의 허무성을 냉정하게 보여주고 있다.

『몽테 크리스토 백작』의 에드몽 당테스가 복수로 얻은 것이 무엇이었을까? 되찾은 연인이나 명예, 혹은 행복이었을까? 모든 복수가 끝났을 때 그는 먼 바다 저편으로 홀로 떠났을 뿐이다. 쓰러진 원수를 뒤로 하고 다시 말을 타고 바람 부는 황야로 쓸쓸히 떠나가는 서부 영화의 무법자처럼.

새들도 둥지를 떠난다

졸업 시즌이다. 이 무렵이면 꽃다발을 안고 아이의 졸업식을 찾는 사람들은 물론이고 졸업을 아득한 옛날의 기억으로만 간직한 사람들에게까지 졸업의 의미는 진지하게 다가온다.

졸업graduation이란 '학교를 마치다finish school'를 의미하지만 그것은 마침표가 아니다. 영어 사전에서 음절을 나누는 분철법分綴法에 쓰이는 하이픈(-)처럼 우리 인생의 한 단계를 매듭지었다가 다른 단계로 나아가는 과정이다. 한 시절의 끝을 의미함보다 다른 시절의 시작을 의미함이 크다. 그 말이 등급이나 단계를 뜻하는 'grade'에서 파생한 때문이다.

졸업卒業이란 장기판에서의 졸卒에서 보듯이 '졸병들의 일'을 의미한다. 옛날 중국에서는 병사들 100명의 무리를 한 '졸

卒' 로 분류했다고 한다. 졸병들의 일이 무엇인가? 멀찌감치 뒤에 포진한 장군들을 대신해 앞장서서 죽는 일이 아닌가? '졸卒하다' 라는 말이 '죽다' 라는 의미로 쓰이게 된 연유이고 '끝나다' 라는 뜻까지 덤으로 갖게 된 까닭이다. 억지 풀이가 될지 모르겠지만 '무리의 일을 끝내다[卒業]' 는 무리가 하는 생각과 행동에서 벗어나 자신만의 판단과 결정을 해야 하는 존재의 독립을 의미한다.

고등학교나 대학의 문을 나서는 젊은이들은 교문 밖에서 기다리고 있는 암담한 현실과 불확실한 미래와 마주서야 한다. 부모들이 마련해 주었던 안온한 둥지를 벗어나 거칠고 바람 부는 세상으로 홀로 나아가야 한다. 그렇게 둥지를 떠나야 하는 젊은이들을 보노라면 오래 전 학교를 마치고 집을 떠날 때의 한편으로는 설레고 또 한편으로는 막막하기만 했던 기억을 떠올리게 된다.

그 시절에 보았던 영화가 마이크 니콜스 감독의 영화 〈졸업The Graduate〉이었다. 혼란스러운 현실과 갑자기 맞닥뜨린 더스틴 호프만의 혼돈은 우리의 혼돈이었고 '내 오랜 친구, 어둠이여Hello, darkness, my old friend' 로 시작되는 그 영화의 주제가 〈침묵의 소리The Sound of Silence〉는 우리의 노래였다.

올해로 출판 50주년을 맞은 미국의 작가 J. D. 샐린저의 소설 『호밀밭의 파수꾼the Catcher in the Rye』은 비틀즈의 존 레넌을

총으로 쏜 마크 채프먼이 살인 현장에서 체포되었을 때 가지고 있던 책으로도 유명하다(살해 동기를 물었을 때 그는 많은 젊은이들이 그 책을 읽게 하기 위해서라고 대답했다). 국어 외의 모든 다른 과목에 낙제점을 받아 학교를 나오게 된 열일곱 살의 소년이 내심 누군가 자신을 붙잡아 주기를 원하기도 하면서 낯선 도시와 낯선 사람들 속을 헤매는 사흘 동안의 방황을 사회와 기성세대에 대한 적의敵意를 담아 툭툭 내뱉는 듯한 짜증스런 말투로 풀어 내놓은 그 소설은 당시 미국 사회에 엄청난 충격을 주었다. 소설의 주인공 홀든 콜필드는 그렇게 십대의 방황과 불안을 상징하는 인물이 되었고 많은 영화들은 물론이고 빌리 조엘이나 밥 딜런, 사이먼과 가펑클 같은 예술가들에게도 깊은 영향을 주었다. 흔들리면서, 사람은 그렇게 크는 것이다.

'어디에서 내려야 하는지. 벌써 지나쳐버린 건 아닌지. 모두들 묻지만 알 수가 없네.' 모던 록을 표방하는 요즈음의 우리나라 4인조 혼성 그룹, 그 이름마저 혼란스러운 '브로콜리 너마저'는 그들의 노래 〈졸업〉에서 갑자기 세상 속으로 던져진 자신들의 혼란을 낯선 풍경들이 차창을 스쳐가는 오후의 버스 안에서 잠에서 깨어 당황하는 아이의 모습으로 그리고 있다. 이렇듯 둥지를 떠나야 하는 청춘의 모습은 어느 곳, 어느 시대에나 다를 바가 없는 것이다.

그러나 어쩌랴. 둥지를 떠날 때 비로소 인생이 시작되는 것을. 예수도 목수였던 아버지 요셉의 작업장에서 대패를 팽개치고 광야로 떠났고, 석가모니도 풍요로운 삶이 있던 룸비니 동산을 떠나 설산을 헤맸고, 율곡 이이李珥도 열아홉에 집을 떠나 금강산으로 들어가 거친 수도의 삶을 자처했다. 그들이 이룬 모든 것들은 홀로 바람 부는 세상과 마주함으로 비롯되었다. 그러니 교문을 나서는 젊은이들이여. 둥지를 떠나 홀로 남겨지는 걸 두려워 말라. 바로 그 지점에서 그대들의 인생이 시작되는 것이다.

종달새는 보리밭 이랑이나 논둑에 땅을 파고 알을 낳는다. 암컷이 지극정성으로 알을 품어 부화시키고 새끼를 키워내는 동안 수컷은 쉬임없이 먹이를 물어 나르는 한편 암컷과 새끼들의 안전을 위해 한시도 곁을 떠나지 않고 망을 본다. 그렇게 애지중지 새끼들을 보살피던 그들이지만 새끼들이 다 자라게 되면 매몰차게 둥지에서 내쫓는다. 독일의 심리학자 에리히 프롬은 그의 책 『사랑의 기술The Art of Loving』에서 부모 사랑paternal love의 완성은 자식을 한 개체로 독립시켜주는 것이라고 말하고 있다. 그러니 부모들이여. 다 자란 자식들을 애면글면 품으려 말라. 그들이 둥지를 떠나 비록 서툴지라도 그들만의 날갯짓을 할 때 그들의 인생뿐만 아니라 부모들의 인생 또한 완성되는 것이므로.

신경숙의 단편 「오래 전 집을 떠날 때」에서 아버지는 집을 떠나는 딸에게 말한다. 산꼭대기의 호수에서 평화롭게 헤엄치던 백조가 폭풍우에 휩쓸려 산 아래로 떠내려갔는데 그 백조가 어떻게 되었는지는 네가 서른 살이 될 때 이야기해 주겠노라고. 그러나 서른이 되었다고 확실해진다면 그게 인생이겠는가? 서른이 되든 마흔이 되든, 젊은이들이여, 둥지를 떠나는 그 순간부터 때로는 흔들리고 때로는 아프기도 하면서 살아가는 게 인생인 것이다.

불한당들의 세계사

'20세기의 창조자'.

호르헤 루이스 보르헤스, 아마도 아르헨티나 출신의 이 작가 말고는 그런 칭호를 받을 자격이 있는 이는 없을 것이다. 환상적(마술적) 리얼리즘, 해체주의, 구조주의, 기호학, 포스트모더니즘 등 20세기 서구 문화의 온갖 패러다임들을 이끌어낸 작가로서의 그의 존재를 부정할 사람은 없다. 그의 많은 저작들 속에 『불한당들의 세계사』, 『칼잡이들의 이야기』와 같은 단편집들이 중요한 위치를 차지하고 있다. 그가 불한당들의 이야기에 천착한 까닭이 무엇이었을까?

말 도둑이며 잔혹한 노예 사냥꾼이었던 라자루스 모렐, 상대를 때려눕힐 때마다 가지고 다니는 지팡이에 막대기를 하나씩

그었다는, 바에서 조용히 식사하는 사내의 머리통을 다짜고짜로 으깨어 놓고는 "막대기가 오십에 딱 한 개 모자라서"라고 태연히 농담을 내뱉었다는 몽크 이스트맨(그는 부하가 1,200명이나 되었다고 한다), 열네 살에 첫 살인을 하고 21명(그의 강력한 요구에 의해 인디언과 멕시코 인들은 계산에서 뺀 숫자이다)을 죽이고 스물한 살에 죽어 '빌리 더 키드Billy the Kid' 라는 악명을 얻은 빌 해리건과 같은 악당들의 행적을 그는 현학적이고 아름답지만 그지없이 허무적인 문장들로 묘사해 놓았다.

실제를 허구로 끌어내리고 허구를 실제로 끌어올리는 그의 문학적, 철학적 상상력들이 도처에서 빛나는 이 단편들을 통해 그는 무엇을 말하고 싶었던 것일까? 그것에 대한 동경이나 분노, 혹은 도덕적 비난과는 별개로 거칠고 야비한 삶은 실재한다는 의미로만 이해해도 되는 것일까?

먼지를 뒤집어 쓴 채 책장에 꽂혀 있던 보르헤스의 『불한당들의 세계사』를 다시 한 번 읽게 된 것은 지난 주말 마지막 전국구 깡패 두목이었던 김태촌의 사망 소식을 듣고서였다. 김두한과 시라소니 등의 전설적인 주먹들이 할거하던 이른바 『야인시대野人時代』는 낭만으로도 읽히었다. 그들의 행적에 의리, 좀 더 나아가서는 애국이라는 가치까지 끼어들기도 했기 때문이다. 그러나 그들의 '멋진 사나이의 세계' 는 이정재, 임화수 등으로 대별되는 정치 깡패의 등장으로 타락해 갔다. 5·16 이

후 정치 깡패들이 몰락해 갔지만 1976년 신민당 각목 전당대회 사건이나 1987년의 '용팔이 사건' 이라고도 불리는 민주통합당 창당 방해 사건 등에서 보듯이 불순한 정치가들에 의해 그 불씨가 살아나곤 했다.

김두한의 후계자를 자처하고 김두한처럼 발차기를 잘해 당할 사람이 없었다는 신상현이 주도하던 신상사파가 신년인사회라는 걸 열던 명동의 사보이 호텔을 회칼과 쇠파이프를 든 호남파 조양은 일당이 습격한 사건으로 주먹의 시대는 갔다. 회칼과 일본도를 휘두르는 유혈 낭자한 이른바 '연장질의 시대' 가 온 것이다. 의리의 시대가 가고 돈과 실리의 시대가 온 것이다.

그 조양은의 강력한 적수로 등장해 조폭 세계를 평정한 것이 서방파의 김태촌이었다. 교도소를 들락거리던 그가 예순네 살의 나이로 죽었다.

어느 곳, 어느 시대에나 어둠의 세계는 존재했다. 2,000여 년 전의 중국의 역사가 사마천이 쓴 『사기열전』의 「유협열전遊俠列傳」과 「자객刺客열전」에 나오는 곽해, 주가, 섭정 등의 인물들이 충忠과 의義를 중시했다면 중국 4대 기서奇書 중 하나로 꼽히는 『수호지』의 노지심, 임충, 무송, 송강 등의 인물들은 무지막지한 불한당들이었다.

저 유명한 서부 영화 〈OK 목장의 결투Gunfight At The O.K

Corral, 1957〉에 등장하는 세 인물도 미국의 서부 개척시대의 전설적인 건달들이었다. 한때 보안관 노릇도 했던 명사수 와이어트 어프, 속사速射와 갬블러로도 유명했던 치과의사 출신의 총잡이 닥 할리데이, 영화 〈역마차〉에서 존 웨인이 그 역을 맡았던 전설적인 건맨 조니 링고가 그들이었다.

여성들이라고 불한당들의 리스트에 없겠는가? 22미터 떨어진 곳에 트럼프 카드를 세워 놓고 총을 쏴 반으로 가르고는 그 조각이 땅에 떨어지기 전에 대여섯 개의 구멍을 더 내었다는 애니 오클래리(그녀는 최초의 뮤지컬 〈애니여, 총을 들어라〉의 주인공이 되었다)도 있고 카리브 해와 황해를 주름잡았다는 매리 리드와 중국 여해적 칭의 이름도 보인다.

조선시대도 예외는 아니었다. 환도를 옷 속에 숨기고 다니며 조직을 결성해 습진(習陣, 군사훈련)까지 했던 '검계劍契'가 횡행했고 양반을 살육하고 재물 약탈과 부녀자 겁탈을 일삼는 '살주계殺主契'까지 등장해 공포의 대상이 되기도 했다. 양반집 자제들이 속에는 비단 옷, 겉에는 남루한 옷을 입고 맑은 날에는 나막신을 신고 궂은 날은 가죽신을 신는 어깃장을 놓으며 행패를 부리고 다녔다는 이른 바 '왈짜曰字'들의 행태는 저항과 일탈의 모습으로도 읽힌다. 그러나 어떤 의미로든 폭력이 미화되어서는 안 될 일이다.

'떼를 지어 다니며 강도짓을 하는 무리'를 뜻하는 불한당不

汗黨을 문자속으로만 풀어 보면 '땀汗을 흘리지 않는不 무리黨'라는 의미가 된다. 정직한 땀의 가치를 모르는 자들이야말로 불한당이 아닐까?

달이 차오른다, 가자

곧 대보름이다. 음력 정월 보름인 이 날을 상원上元날이라고도 하는데 '윗 上'과 '으뜸 元'의 문자 속으로 보더라도 월력月曆으로 농사를 지어온 우리 민족에게는 일 년 중 가장 달이 꽉 찬 이 날은 한 해의 농사와 살림이 시작되는 가장 중요한 날이었다. 그래서인지 전해 오는 세시풍속이 가장 많은 날이기도 하다.

'작은 보름'이라는 열나흗날 밤에는 동리마다 한 해의 마을의 화평을 비는 동제洞祭를 지낸다. 이제는 거의 대부분의 마을에서 사라진 풍습이지만 내가 살고 있는 마을에서는 아직 해마다 꼬박꼬박 지켜지고 있다. 그 격식이 많이 간소해졌지만 먼저 부정不淨한 일을 겪지 않은 사람으로 제관을 정하고 집집마다 추렴을 해서 제수 장보기를 하고 자정이 다가오면 휘영청 밝은 달빛을 받으며 논 가운데 아름드리 소나무들 아래 있는 당집으로 모인다. 당집 안에 모셔져 있는 골매기 돌에 왼새끼(거꾸로 꼰 새끼줄)를 두르고 촛불을 켜고 제물을 차리면 준비가 끝나고 목욕재계한 제관이 잔을 올리고 축을 한다. 제사가 끝나면 아이 어른 할 것 없이 마을 사람들의 이름과 가축들 이름까지 불러가며 소지燒紙를 해 하늘로 올리며 한 해의 무사태평을 빈다.

이날 밤에 잠을 자면 눈썹이 희어진다고 했다. 어린 시절 동네 아이들끼리 모여 한 줌씩 가져온 쌀로 모둠밥을 해 먹고 놀다가 잠이 드는 친구가 있으면 눈썹에 밀가루를 칠해 놓고는 낄낄대곤 했었다.

보름날 해 뜨기 전에 이웃 사람이 대문 밖에서 이름을 부르더라도 대답을 해서는 안 된다. 무심코 대답을 해 버리면 그해 여름에는 그 사람 몫의 더위까지 떠맡게 되기 때문이다. 아침나절에는 밤이나 호두 같은 걸 '딱' 소리 나게 깨물어 부스럼막이를 하고 귀밝이술耳明酒을 마셔 한 해 동안 좋은 소리만 듣게 해달라는 액막이를 한다. 이 날은 개에게 밥을 줘서는 안 된다. '상원날 개꼴' 이라든가 '상원날 개 밥 주는 계집 같다' 라는 속담도 이 풍속에서 생겨난 것이다.

연날리기, 다리밟기, 달집태우기 등 많은 풍습들이 있었지만 어린 시절 우리를 가장 신명나게 했던 것은 역시 쥐불놀이였다. 양쪽에 구멍을 내고 전깃줄을 끼운 깡통에 솔방울이나 관솔을 넣고 불을 붙여 '망월望月이여!' 소리치며 빙빙 돌린다. 휘영청 밝은 달 아래 멀리 가까이에서, 들판과 산등성이 할 것 없이 원을 그리며 돌아가는 불덩어리들의 모습은 장관이었다. 불을 낸다고 경찰관과 동사무소 직원들을 동원해 그 놀이를 엄히 금한 지도 벌써 오십 년 저쪽의 일이고 이제는 흘러가 버린 옛 시절의 이야기일 뿐이나. 얻게 되는 것과 그로 인해 잃어버린 것, 어느 쪽이 더 큰 것일까?

뭐니 뭐니 해도 대보름날의 주인공은 달이다. 말이나 글에 있어서도 '달님' 이라는 말은 사어死語가 되어 버린 것 같다. 어린 시절 보름밤이면 동네 사람들과 동산에 올라 '달님' 에게 소원을 빌곤 했다. 모든 보름밤의 풍속과 놀이들은 그런 다음의 일이었다. 생명이 없는 것들도 '님' 이 되던 그런 시절이 있었다.

어느 시인이 그랬던가? 외로운 사람의 불을 끈 창가에 서늘한 달빛처럼 스미고 싶다고. 언제부턴가 손톱달이든 반달이든 휘영청 보름달이든 달이 뜨면 캄캄한 거실에 서서 오래 창밖을 내다보며 혼자 먼 길을 가고 있는 달을 한참 좇아가곤 한다.

'봄가을 없이 밤마다 돋는 달도/ 예전엔 미처 몰랐어요/ 이렇게 사무치게 그리울 줄도/ 예전엔 미처 몰랐어요'

그렇다. 우리의 삶에서는 소월의 시처럼 그렇게 더 자주, 더 오래 달을 보게 되는 시간이 오게 되는 모양이다.

이효석은 그의 아름다운 소설 『메밀꽃 필 무렵』의 첫머리쯤에서 막 피기 시작한 메밀꽃들이 '소금을 뿌린 듯이 흐뭇한 달빛에 숨이 막힐 지경이다.' 라고 쓰고 있다.

완월장취玩月長醉, 달빛과 더불어 술을 마신다는 말이다. '호수에 비친 달, 술잔 속에 달, 정든 님의 눈 속에 달' 이라는 경포대의 세 개의 달 이야기가 그런 경지일까? 저 북송北宋의 시인 소동파는 노래했다.

'그대여 잔에 뜬 달까지 마시라[勸君且吸盃中月]/ 오로지 안타까운 일은 달 지고 술잔 비는 것일 뿐[惟憂月落酒盃空].'

달빛은 눈으로 마시는 술이다.

우리가 중학교 음악 시간에 배운 〈콜로라도의 달Moonlight on the Colorado〉의 노랫말을 기억하는가?

'반짝이는 금물결 은물결 처량한 달빛이여/ 콜로라도의 달 밝은 밤에 나 홀로 걸어가네.'

달빛은 처량凄凉하다. 황폐하고 쓸쓸하고 서글프다는 모든 느낌들이 '처량하다' 는 말에 다 들어 있다.

베토벤의 피아노 소나타 14번은 그의 연인 줄리에타(영화 〈불멸의 연인〉에 나오는 그 여자다)에게 바친 곡인데 단조 음악으로 이뤄진 신비롭고 몽환적인 분위기 때문에 나중에 〈월광月光〉이라는 표제가 붙게 되었다. 그 노래를 듣고 많은 사람들이 자살을 했다는, 영화로도 잘 알려진 〈우울한 일요일Gloomy Sunday (빌리 할리데이, 캐롤 키드, 사라 브라이트먼 등 많은 가수들이 리바이벌해서 불렀다)〉이라는 노래도 있지만 베토벤의 '처량한' 이 '달빛 소나타' 도 당시 많은 사람들이 스스로 목숨을 끊게 해 '자살곡suicide music' 이라고 불리어졌었다. 처량한 달빛을 혼자 보다가는 큰일날 수도 있다.

그러나 달은 한 가지 모습만 고집하지 않는 원만하고 밝은 기운도 가지고 있다. 월인천강月印千江, 달은 하나지만 천 개의 강을 두루 비춘다. 이번 보름밤에는 그 달의 기운을 받으러 동산에 오르자. 장기하와 얼굴들의 노래도 있지 않은가?

'달이 차오른다, 가자'

이 도서의 국립중앙도서관 출판시도서목록(CIP)은 e-CIP 홈페이지
(http://www.nl.go.kr/ecip)에서 이용하실 수 있습니다.
(CIP 제어번호 : CIP2014012866)

낭만 시절

2014년 4월 21일 초판 1쇄 인쇄
2014년 4월 25일 초판 1쇄 발행

지은이 | 최대봉
펴낸이 | 孫貞順
펴낸곳 | 도서출판 작가
서울 서대문구 북아현3동 1-1278 (우120-866)
전화 | 365-8111~2 팩스 | 365-8110
이메일 | morebook@morebook.co.kr
홈페이지 | www.morebook.co.kr
등록번호 | 제13-630호(2000.2.9.)

편집 | 김이하 손희 이정은 디자인 | 오경은
영업 | 손원대 관 리 | 이용승

ISBN 978-89-94815-43-5 03810

값 12,000원